GÜNTER DE BRUYN

MEIN BRANDENBURG

Fotos von Barbara Klemm

S. Fischer

Von diesem Buch erschienen
im September 1993 neben der
Normalausgabe:
Einhundert von Günter de Bruyn
signierte, in Bütten und Leinen
gebundene Vorzugsexemplare, von
1–100 numeriert, in Kassette
mit einer signierten Originalfotografie
von Barbara Klemm, sowie zehn
Exemplare *hors commerce* von I–X
in gleicher Ausstattung

3. Aufl., 19.–23. Tsd.
© 1993 S. Fischer Verlag GmbH,
Frankfurt am Main
Satz: Fotosatz Otto Gutfreund GmbH,
Darmstadt
Lithographie: Schoell, Mainz
Druck: Paul Robert Wilk, Friedrichsdorf
Bindung: G. Lachenmaier, Reutlingen
ISBN 3-10-009622-3 (Normalausgabe)
ISBN 3-10-009623-1 (Vorzugsausgabe)

MEIN
BRANDENBURG

MÄRKISCHE HEIDE
MÄRKISCHER SAND

Brandenburg – das kann sowohl die Stadt an der Havel als auch das Bundesland meinen, das inoffiziell auch die alte Bezeichnung Mark Brandenburg führt. Bewohnt wird das Land von den Märkern, die manche aber auch, wie die Bewohner der Stadt, Brandenburger nennen, doch sind letztere, also die Städter, als Landeskinder natürlich auch Märker, im Gegensatz zu den Neubrandenburgern, die weiter nördlich in Mecklenburg wohnen, und auch zu den Altmärkern westlich der Elbe, die zwar die ersten Märker waren, heute aber im Land Sachsen-Anhalt zu Hause sind. Die Neumärker am östlichen Oderufer dagegen waren richtige Märker; doch gehört die Neumark heute zu Polen und heißt nicht mehr so.

Märkisch sind, wie es im Liede vom roten Adler heißt, die Heide, der Sand und der Sumpf, die westlichen Tore Berlins und Potsdams dagegen heißen Brandenburger und nicht märkische Tore, weil früher durch sie hindurch mußte, wer in die Stadt Brandenburg wollte;

denn die liegt im westlichen Teil des Landes, das im Mittelalter als erstes von den Deutschen besiedelt wurde, weshalb dann die ganze Mark (was soviel wie Grenzland bedeutet) den Namen der Stadt erhielt.

Die amtliche Bezeichnung der Mark hat später zwischen Kurmark (des Reiches) und Provinz (nämlich Preußens) gewechselt. Land hieß sie nur von 1946 bis 1952. Dann schien es der SED ratsam, alle historischen Bezüge zu tilgen. Die Mark wurde aufgeteilt in die Bezirke Potsdam, Frankfurt an der Oder und Cottbus, doch lebte das Bewußtsein märkischer Zusammengehörigkeit trotzdem weiter, so daß sofort nach dem Ende der DDR die Wiedergeburt Brandenburgs eine von allen Parteien erhobene Forderung war.

Rot und Weiß sind Brandenburgs Landesfarben; Wappentier ist, schon seit dem 12. Jahrhundert, ein roter Adler; die auffallendsten Merkmale sind Sand, Seen, Kiefern, Kasernen (weil nämlich sehr viele märkische Städte Garnisonen hatten und haben); die wichtigsten Flüsse sind Rhin, Dosse, Spree, Nuthe, Havel und die berühmtesten Söhne (sieht man von Königen und Kriegsleuten ab) Heinrich von Kleist, Karl Friedrich Schinkel und Theodor Fontane, deren erster in Frankfurt an der Oder geboren wurde, die beiden anderen in Neuruppin. Da alle drei in Berlin starben, sind ihre Gräber auch dort zu finden: das Kleists unter Kiefern am Kleinen Wannsee, das Schinkelsche auf dem Dorotheenstädtischen Friedhof an der Chausseestraße und das Fontanes auf dem Friedhof der Französisch-Reformierten Gemeinde, direkt an der nördlichen Grenze des Stadtbezirks Mitte, wo bis 1989 die Mauer stand.

Eine Art Hauptstadt von Brandenburg ist Brandenburg nur in den Anfangszeiten gewesen, dann hatte Jahrhunderte hindurch Berlin diese Funktion inne, bis es sie 1920 (als es sich unter Einbeziehung von acht märkischen Städten, 59 Dörfern und 27 Gutsbezirken als Groß-Berlin selbständig machte) an

Potsdam, die Nachbarstadt, über-
trug. Seitdem muß die Mark sich
dagegen behaupten, nur als Um-
land Berlins betrachtet zu werden.
Schon um die Jahrhundertwende
hatte das rasche Wachstum der
Stadt Wohn- und Wochenendsied-
lungen, Fabriken, Rieselfelder und
Mülldeponien über die Stadtgren-
zen hinausgetrieben. In den zwan-
ziger und dreißiger Jahren war das
Tempo noch schneller geworden.
Nachkrieg und Mauerbau hatten
diese Entwicklung verlangsamen,
nicht aber ganz unterbrechen können; sie setzte sich auch in DDR-
Zeiten, wenngleich gemächlicher,
fort. Die wiedervereinigte deutsche
Hauptstadt wird, so ist anzunehmen, Expansionskräfte entfalten,
die um überkommene Siedlungsstrukturen und Landschaften der
Mark fürchten lassen. Der Beton
von Straßen, Flugplätzen und Sied-
lungen wird über den märkischen
Sand triumphieren, so wie in der
ersten Jahrhunderthälfte die Großstadt sprachlich über das Land
siegte. Überall in der Mark berli-
nert man heute. Das märkische

Platt, das in den Romanen Fontanes die Dorfleute reden, ist bis auf
wenige Ausnahmen tot.

Eine Stammesverwandtschaft mit
gemeinsamen Sprach- und Kultur-
traditionen, wie bei Alemannen,
Thüringern oder Franken, hat es in
Brandenburg, dem Kolonisationsland des Mittelalters, niemals gegeben. Als das von slawischen Stämmen bewohnte Land vom 10. bis
12. Jahrhundert erobert wurde,
kamen hier Siedler aus den ver-
schiedensten deutschen Gebieten
zusammen, und auch die Hohenzollern, die später preußische
Könige und deutsche Kaiser wurden, kamen von weit her, nämlich
aus Schwaben. Als Brandenburg,
nach den Verheerungen des Drei-
ßigjährigen Krieges im 17. und
18. Jahrhundert, erneut zum Ein-
wanderungsland wurde, kamen
wiederum Übersiedler, diesmal vor
allem aus Frankreich und den Nie-
derlanden, aus Böhmen und dem
Salzburger Land. Das alles ver-
mischte sich mit den slawischen
Ureinwohnern, die aber in manchen Gebieten, vor allem im

Das Rathaus am altstädtischen Markt
von Brandenburg, ein Backsteinbau
von 1480, hat, im Gegensatz zum etwa
gleichalten Rathaus der Neustadt, den
2. Weltkrieg überstanden. Der steinerne
Roland von 1474 wurde erst 1946 aus
der Neustadt hierher versetzt.

Süden, allen Germanisierungs-
tendenzen zum Trotz, Kultur und
Sprache noch lange erhalten konnten. So wurde in einigen Distrikten
bis ins 19.Jahrhundert hinein noch
Sorbisch (auch Wendisch genannt)
gesprochen, und auch heute trifft
man zwischen Spreewald und Cottbus (und zahlreicher noch weiter
südlich, in der zu Sachsen gehören-
den Oberlausitz) sorgfältig gehütete
(oder auch künstlich am Leben
gehaltene) Reste dieser sorbischen
Minderheit an.

Immer sind die Grenzen der
Mark also politisch, nicht aber eth-
nisch oder geographisch bestimmt
gewesen. Ihr Umfang hat sich im
Lauf der Geschichte, außer durch
Kauf und Erbschaft, durch Kriege
häufig verändert, und auch ihre
heutige natürliche Ostgrenze an
Oder und Neiße entstand durch
den Krieg. Von Norden nach Süden
wird die Mark von der Wasserscheide zwischen Ostsee und Nordsee durchzogen, von Westen nach
Osten von der Sprachgrenze zwischen dem Ober- und Nieder-
deutschen, so daß die heute noch

spürbaren Dialektanklänge im südlichen Teil zum Schlesischen und
Sächsischen hin tendieren und im
Norden die Übergänge zum Meck-
lenburgischen und Pommerschen
fließend sind. Wenn trotz dieser
Unterschiede, wie Fontane behauptet, den Märkern bestimmte Eigen-
schaften, wie Mißtrauen, Spar-
samkeit, Nüchternheit und Genügsamkeit, gemeinsam sein sollten, so
sind die nicht einer gemeinsamen
Herkunft zu danken, sondern der
Kargheit der Lebensumstände und
einer jahrhundertelangen Erzie-
hung, für die der Korporalstock
symbolisch war. Einer der Lehr-
meister war Friedrich Wilhelm I.,
der sogenannte Soldatenkönig, der
seinen Untertanen Pünktlichkeit
und Gehorsam einbleute, ihnen
unter Androhung von Prügel
befahl, ihn zu lieben, und der kost-
bare Kleidung und Volksfeste ver-
bot. »Redlich, fleißig, schlicht und
gut / War, der hier im Grabe ruht«,
kann man auf märkischen Grab-
steinen von Anfang dieses Jahrhunderts lesen, und auch in gereimten
Todesanzeigen von heute wird

Fleiß und Genügsamkeit der Verstorbenen am meisten gelobt.

Die Landschaften der Mark, die zwischen sandigen Höhen (Plateaus genannt oder Platten) und feuchten Niederungen wechseln, haben der Eiszeit ihre Vielgestaltigkeit zu verdanken. Die tauenden Gletscher, die End- und Seitenmoränen und Urstromtäler mit Flüssen, Sümpfen und Seenketten zurückließen, mischten so viele Feldsteine unter den Sand der Äcker, daß die Arbeit des Steineaufsammelns nie weniger wurde; jede Pflugschar warf und wirft sie nach oben, weshalb die Bauern früher auch dachten, sie wüchsen nach. Als Baumaterial waren sie unverwüstlich und billig. Mit Hilfe von Kalk, der in Rüdersdorf schon von den Zisterziensern abgebaut wurde, entstanden aus diesen Granitbrocken, die anfangs sauber zu Quadern behauen, später nur noch gespalten und unregelmäßig vermauert wurden, die ersten, meist wehrhaften Kirchen, von denen viele, weil ihnen Brände, Blitzschläge und Krieg nur wenig anhaben konnten, heute, wenn auch vielfach verändert, noch stehen. Auch Kirchhofs- und Stadtmauern, Tortürme und Wohnhäuser wurden aus Feldsteinen errichtet, und als Straßenbefestigung war im 19. Jahrhundert das sogenannte Katzenkopfpflaster üblich. Auf Dörfern, abseitigen Landstraßen und Kleinstadtgassen trifft man solche autounfreundlichen, aber dem Auge wohltuenden Straßendecken aus rötlichem, grauem oder fast schwarzem Granit noch an.

Findlinge nennt man die Steinbrocken, wenn sie größer sind als gewöhnlich. In vorgeschichtlicher Zeit setzte man aus ihnen die Hünengräber zusammen, die man nicht nur in Pommern und Mecklenburg findet, sondern auch in der nördlichen Mark. Als märkisches Weltwunder wurden seit jeher die zwei riesigen Markgrafensteine in den Rauenschen Bergen bei Fürstenwalde betrachtet, deren einer im vorigen Jahrhundert gespalten und zu einer Granitschale gestaltet wurde, die noch heute im Berliner Lustgarten steht.

Havelberg war, neben Brandenburg,
die erste deutsche Stadt auf
märkischem Boden. Der ursprünglich
romanische Dom wurde 1170 geweiht.
Er steht auf einer Anhöhe über der
Havel und ist von weither zu sehen.

Die großen Sumpfflächen der Mark, als Luch (mit langem U) oder Bruch bezeichnet, wurden in den letzten dreihundert Jahren durch staatliche Deichbau- und Meliorationsmaßnahmen fast ausnahmslos in fruchtbare Felder und Weiden verwandelt, was zwar den Wohlstand der Bauern mehrte, der Vielfalt von Flora und Fauna aber nicht gut bekam. Das Havelländische Luch, das größte von ihnen, oder das Oderbruch, von dem Friedrich der Große angeblich einst sagte, durch seine Kultivierung habe er ohne Krieg eine Provinz erobert, zeigen sich meilenweit als eine vollkommene, durch Gräben, Deiche und Straßen geometrisch durchkreuzte Ebene von melancholischem Reiz. Die Monotonie dieser Kulturlandschaft, die man beim Durchfahren auf Straßen- und Bahndämmen empfindet, schwindet sofort, wenn man sich, zu Fuß, den Details widmet: den kreisenden Bussarden unter dem weiten Himmel, den Koppelzäunen, an denen die Wege enden, dem hinter Büschen versteckten Tümpel, den Binsen im Graben, der Viehtränke an einem vereinzelt stehenden Baum. Im Oderbruch ist der Strom immer hinter Deichen verborgen, im Havelland aber kann man erleben, daß man zwar nicht den Fluß sieht, wohl aber die Schiffe, die auf ihm fahren; wie von unsichtbaren Kräften getrieben, bewegen sie sich gemächlich über die Wiesen fort.

Die Kiefern (poetisch: Föhren, volkstümlich und falsch: Fichten) sind auf den Sandplateaus und erosionszerfurchten Hügeln zu Hause, die jungen Bäume, Kuscheln genannt, dicht beieinander, die von höherem Alter in lichterer Stellung, aber immer stramm aufrecht in Reih und Glied. Nur am Waldrand, an Seeufern oder auf ödem Dünengelände, wo ständige Trockenheit systematische Aufforstungen verhindert, entfalten Einzelstücke mit borkigen Stämmen und mächtigen, weitausladenden Ästen ihre bizarre Schönheit, die immer Düsteres, Melancholisches hat. Anders als Buchen, Lärchen und Fichten, die auch vorkommen, aber nur selten, nehmen die leichten und heiteren

14 Überall in der Mark sind Spuren der Geschichte Preußens zu finden, in Wustrau, am südlichen Ende des Ruppiner Sees, solche des Reitergenerals Hans Joachim von Zieten. Das Bild zeigt das Grab seines Sohnes, der der Letzte der Wustrauer Linie der Zietens war.

Birken auch mit sandigen Standorten vorlieb. Im Dunkel der Kiefern bilden sie manchmal freundliche Inseln, oder sie fassen, oft zwei- oder vierreihig, eintönige Forstwege mit dem Weiß ihrer Stämme und dem helleren Grün ihres Laubes ein. Obwohl in den letzten Jahrzehnten durch Harzgewinnung und Abholzungen vieler alter Bestände Raubbau getrieben wurde, hat sich die Waldfläche der Mark nicht vermindert; sie ist noch immer die größte, die es im deutschen Ostelbien gibt. Zu Fuß oder per Rad kann man, ohne einen Menschen zu treffen, stundenlang über sandige Waldwege wandern, doch werden Stille und Einsamkeit in den meisten Fällen dort enden, wo zwischen den schwärzlichen Kiefernstämmen ein See aufblitzt.

Die vielen Seen, fast immer von Wäldern umgeben, sind die Schmuckstücke der Mark, aber auch ihre gefährdetsten Stellen; ihre Schönheit, die Eigenheimbauer, Wochenendsiedler, Zeltbewohner und Motorbootfahrer anzieht, macht sie durch Vernich-

tung der Schilfgürtel und durch
Abwässer kaputt. Bei denen, die
von Flüssen durchflossen werden,
die wie die Spree, von weit her, aus
Gegenden mit mehr Industrie kommen, begann die Verschmutzung
schon in der ersten Jahrhunderthälfte, die anderen, die keine oder
nur kurze Zuflüsse haben, waren
noch in den fünfziger Jahren wenig
besucht und glasklar. Jetzt sind ihre
Ufer zum Teil nicht mehr erreichbar, weil Villensiedlungen, Klein-
gartenanlagen und Ferienheime
sich an ihnen breitgemacht haben;
betonierte Straßen führen zu Cam-
pingplätzen; die Abgeschlossenheit
militärischer Sperrgebiete läßt
die Frage entstehen, ob die Seen in
ihnen noch existieren; und fast
überall ist die Abwässerreinigung
schlecht. Der größte märkische
See, der Scharmützel, seit jeher
berühmt für sein klares Wasser,
hatte den Bau der Landhaussied-
lung Bad Saarow, wo in den zwan-
ziger und dreißiger Jahren viele
Berühmtheiten aus Berlin (Max
Schmeling und Käthe Dorsch zum
Beispiel) sich Villen bauten, heil

überstanden, bis in den letzten
Jahrzehnten in Wendisch Rietz ein
riesiges Jugenderholungszentrum
gebaut wurde, das die Wasserquali-
tät des Sees sehr beeinträchtigt hat.

Wer sich heutzutage aufmacht,
um die Mark Brandenburg zu
erkunden, reist, auch wenn er es
nicht vorhat, auf Fontanes Spuren,
und zwar nicht nur, weil er Fonta-
nestraßen, Fontaneparks, Fontane-
naturlehrpfaden, Fontanezitaten
und Fontanedenkmälern häufig
begegnet, sondern auch, weil er in
den Dunstkreis des von Fontane
geschaffenen, oder zumindest
bewußt gemachten, Mythos dieser
Landschaft gerät. Durch seine
*Wanderungen durch die Mark Bran-
denburg* wurde diese zur historischen Landschaft, durch seine
Romane, die sie als Hintergrund
haben, kam eine literarische
Dimension hinzu. Er brachte die
Ereignisse und Personen der
brandenburgisch-preußischen
Geschichte mit den Orten, an
denen sie geschahen und wirkten,
zusammen. Als er sich im vorigen
Jahrhundert für seine fünf dicken

Die Schönheit der meist von Wäldern
umgebenen märkischen Seen hatte
in unserem Jahrhundert eine starke
Bebauung zur Folge, so daß stille,
natürliche Seeufer selten geworden
sind.

Bände der *Wanderungen*, die eigentlich Fahrten (vor allem im Kutschwagen) waren, den Stoff beschaffte, war er nicht etwa blind für die Schönheit der Landschaft, die vor seiner Zeit meist als langweilig und öde empfunden wurde, sein Hauptinteresse aber galt der Geschichte und den Geschichten, die sich an diesen Orten ereignet hatten und sich erzählen ließen, Geschichten vom märkischen Adel und den preußischen Königen ganz obenan. Die Geschichte der Mark nicht nur zu kennen, sondern sie auch zu lieben, betrachtete er für den Reisenden als ganz unerläßlich. Die Ruinen eines Zisterzienserklosters wußte er ästhetisch und kunsthistorisch durchaus zu rühmen, aber lebendig für ihn wurden sie erst, wenn die Sage von einem von Slawen erschlagenen Abt hinzukam oder die Liebesgeschichte von Nonne und Mönch. Die Sandhügel zwischen Linum und Hakenberg schienen ihm für den unwissenden Reisenden nur zum Einschlafen geeignet; weiß dieser aber, daß hier die Schlacht von Fehrbellin tobte und Prinz Friedrich von Homburg (der aus Kleists Schauspiel, nur anders) an dieser Stelle Geschichte machte, wird er alles in anderer Beleuchtung sehen. Die Ruppiner Schweiz wird, so schön sie auch ist, durch eine erlebte Romanze des Kronprinzen Friedrich an Reiz noch gewinnen; und Dorf und Schloß Paretz werden erst durch die Kenntnis von den glücklichen Tagen, die die Königin Luise hier erlebte, zum Anziehungspunkt.

Wer heute hier so kenntnisreich reist, wie Fontane reiste, wird, wie er, Gewinn davon haben; es wird sich in ihm aber auch Trauer regen; den Gedanken, die alte Zeit sei die bessere gewesen, wird er mit der Erkenntnis bekämpfen müssen, daß Fontane das damalige Elend entweder nicht sah oder es verklärte; als Fontane-Kenner wird er sich an das Altersgedicht *Veränderungen in der Mark* erinnern, in dem eine Gruppe von Hermunduren, die vor den Slawen einmal an Spree, Nuthe und Havel saßen, aus Sehnsucht nach der Mark aus Walhall Urlaub nehmen, ihn aber früher beenden als vorgeschrieben und am Schluß eine Erklärung abgeben, die der Tourist von heute mit größerem Recht wiederholen könnte:

»Ihr Rücktritt ist ein verzweifeltes Fliehn.
Wie war es? fragt teilnahmsvoll Odin,
Und der Hermundure stottert beklommen:
Gott, ist *die* Gegend runtergekommen.«

Grund dafür, daß jede Fahrt in die Mark melancholisch endet, sind nicht nur Zersiedlung und Umweltverschmutzung, sondern auch die Verluste an historischen Denkmälern, die in diesem Jahrhundert wohl größer waren als je zuvor. In entsetzlicher Weise hat der Zweite Weltkrieg gewütet. Potsdam und Rathenow litten stark durch Bombenangriffe, und östlich Berlins wurden fast alle Städte, besonders stark Fürstenwalde, Schwedt, Frankfurt und Wriezen, in den Kämpfen des Frühjahrs 1945 zerstört. Im Oderbruch, wo

das Morden am längsten tobte, sind auf Schritt und Tritt noch Spuren der Schreckenszeit sichtbar, und auch die Kirchenruinen von Müncheberg, Beeskow und Wriezen, die KZ-Gedenkstätten, die sowjetischen Kriegsgräber in vielen Orten und der deutsche Soldatenfriedhof in Halbe, wo die letzte sinnlose Vernichtungsschlacht stattfand, zeugen davon.

Aber mit dem Krieg war die Zeit der Verluste noch nicht zu Ende. Es folgten die Zerstörungen eines ideologischen Feldzuges, dem auf dem Lande mehrere Adelssitze, in Potsdam die Ruinen des Stadtschlosses und der Garnisonkirche zum Opfer fielen, und dann wirkten vierzig Jahre lang Mangel und Desinteresse, Pietätlosigkeit und schlechter Geschmack. Das Bonmot, daß Geldmangel der beste Denkmalsschutz sei, konnte nur im Westen erfunden werden, hier in der Mark dagegen, wo auch die Armut Grund dafür war, daß historisch Wertvolles, oder doch Merkwürdiges, dem Verfall überlassen wurde, konnte man sich doch

Das Bistum Brandenburg wurde schon 948 von Otto I. gegründet, der erste Dom aber im Slawenaufstand von 983 zerstört. Mit dem Bau des romanischen Doms St. Peter und Paul auf der Havelinsel wurde 1165 begonnen, die romanische Anlage aber im 14. und 15. Jahrhundert zu einer spätgotischen gemacht.

mit dieser Weisheit der Reichen trösten; denn der technische Fortschrittswille, der durch die Sucht nach Modernisierung und Perfektion nicht weniger zerstörerisch wirken kann als der ideologische, blieb dieser Gegend tatsächlich bisher weitgehend erspart.

Keine märkische Kleinstadt wird von Autobahnen zerschnitten, in vielen aber verrotten die Altstadthäuser oder sind bereits abgerissen. Die Chausseen, die sich oft in schlechtem Zustand befinden, werden noch immer von herrlichen alten Bäumen beschattet, und den Dörfern sieht man noch an, daß es welche sind.

Während die Potsdamer Schlösser und auch das Schloß Rheinsberg notdürftig gepflegt und erhalten wurden, sind die Herrenhäuser der ehemaligen Rittergüter, die Jahrhunderte hindurch die administrativen und kulturellen Zentren des Landes waren und auf denen bis 1945 teilweise noch die Bredows und Knesebecks, die Zietens, Marwitz' und Hardenbergs saßen, im Lauf der Jahrzehnte in ihrer

Mehrzahl zu ganzen oder halben Ruinen geworden; doch gibt es einige, wie das in Wiepersdorf (wo Bettina und Achim von Arnim begraben liegen) und das in Neuhardenberg, die fachgerecht restauriert wurden, und andere, wie Paretz, die man rücksichtslos um- und anbaute, bis alles Individuelle verschwand.

Wo die Gutshäuser fehlen, sind in den Dörfern heute, da alte Bauernhäuser sich nur in Ausnahmefällen, zum Beispiel im Spreewald, erhalten haben, die Kirchen meist die einzigen Vergangenheitszeugen. Dank den Pastoren, die oft als Bauherren und Handwerker gleichzeitig wirkten (wobei sie aus Westdeutschland oft Hilfe erhielten), ist in den meisten Fällen zumindest dafür gesorgt, daß sie erhalten blieben, doch hat man bei den Holzdecken der Feldsteinkirchen, den barocken Kanzelaltären oder den abblätternden Bildern der Evangelisten an den wurmzerfressenen Emporen den Eindruck: wenn die Hilfe nicht bald kommt, kommt sie zu spät.

Sicher wird sie in vielen Fällen zu spät kommen. Denn die großen Kirchen der Städte befinden sich in einem nicht weniger traurigen Zustand, und da diese kunsthistorisch wertvoller sind, wird bei ihnen zuerst angesetzt werden, wie zum Beispiel bei der Stadt Brandenburg. Die besteht schon (was in diesem Kolonisationsland viel ist) seit über tausend Jahren, ist heute eine Industriestadt mit fast hunderttausend Bewohnern und besitzt ein historisches Zentrum, das in den letzten vierzig Jahren verfiel. Mit ihren drei, zwischen Armen der Havel gelegenen mittelalterlichen Teilen (Altstadt, Neustadt und Dominsel), mit ihrem Roland, mit Stadtmauer, Tortürmen, dem romanischen Dom und mehreren gotischen Backsteinkirchen, war sie früher eine der reizvollsten Städte der Mark. Geht man heute durch ihre von Jahr zu Jahr öder gewordenen Straßen, vorbei an Abrißflächen und unbewohnten Gebäuden, schwankt das Gefühl zwischen Trauer und Zorn. Zweihundert Häuser in den historischen Teilen wurden allein in den letzten DDR-Jahren abgerissen, viele der noch stehenden werden wohl nicht mehr zu retten sein. Hier soll nun eine Rettungsaktion starten. Das Zentrum soll wieder bewohnbar gemacht, das Historische dabei aber erhalten werden. Man kann nur hoffen, daß dieses Vorhaben ohne die Fehler, die man im Westen oft machte, gelingt.

Hier wie andernorts ist also Behutsamkeit nötig. Radwege können nötiger sein als Autostraßen. Anstatt später Maßnahmen zur Verkehrsberuhigung zu ergreifen, kann man das Kopfsteinpflaster der Dörfer und der städtischen Nebenstraßen auch gleich belassen. Die alten Siedlungsstrukturen sollte man achten und den Tourismus zwar fördern, aber nicht so, daß man die Landschaft, die den Touristen anlockt, dabei zerstört.

Die Mark Brandenburg wird nun wohl zum Reiseland werden. Schon Fontane warnte davor, sie für billig zu halten. Er hielt die Märker nicht nur für sparsam, sondern für knickrig, bescheinigte ihnen, daß sie

»nicht alles Kaufmännischen bar und bloß« seien, und empfiehlt also dem Reisenden nicht nur, Natursinn und Geschichtskenntnisse mitzubringen, sondern auch seinen Beutel mit Geld zu füllen, andernfalls aber lieber zu Hause zu bleiben – womit ihm dann zwar keine Gletscher und Meeresstürme, wohl aber eigentümliche Freuden und Genüsse feinerer Art entgehen.

Das Interesse an der Mark Brandenburg, das in der ersten Hälfte des 19. Jahrhunderts erwachte und in der zweiten populär wurde, war nicht nur auf die bescheidene Schönheit ihrer Landschaft gerichtet, sondern auch auf deren Geschichtsträchtigkeit. Das Sehnsuchtspotential der Romantik, das sich vorwiegend dem süddeutschen Mittelalter zugeneigt hatte, wurde, wie sich bei Kleist und Fouqué schon zeigte, auf Preußisch-Märkisches gelenkt. Fehrbellin konnte Heilbronn ersetzen, die Ritter des „Zauberrings" konnten von Grenadieren des Schlesischen Krieges abgelöst werden, und statt der altdeutschen Madonnen der Nazarener wurde nun die Königin Luise verklärt. Da bald Eisenbahnen die jüngst geheiligten Stätten von Berlin aus in Stunden erreichbar machten, brauchte man nicht, wie einst Tieck und Wackenroder, in wochenlangen Fußmärschen nach Franken zu wandern; man konnte, wenn man den Sonntagmorgen zum Aufbruch wählte, in Küstrin oder Rheinsberg zu Mittag essen und abends, mit Natureindrücken und patriotischer Bildung beladen, wieder zu Hause sein.

Ein altes Photo zeigt einen solchen Ausflug. Acht Herren, fast alle mit Schnurr- oder Kinnbärten, alle in Schwarz, mit Gehrock, Handschuhen und Kopfbedeckung, haben an einem Wintertag mit verhangenem Himmel in lockerer Gruppierung Aufstellung genommen, anscheinend willkürlich, in Wahrheit aber durchaus planmäßig vor einem schneebedeckten historischen Bauwerk verteilt. Die zwei vor dem Torbogen stehen so, daß sie diesen flankieren, nicht aber die Durchsicht ins Stadtinnere verstellen; die zwei, die sich leger an den Meilenstein lehnen, scheinen damit ihre Wanderlust zeigen zu wollen; und sie alle, die der Aufforderung des Lichtbildners, sich nicht zu bewegen, gehorchen, wissen, daß dieser Augenblick, der so schnell schon vorüber ist, auch in Zukunft noch dauern wird: im photographischen Bild.

Sie gehören, so ist zu vermuten, zu einem der Berliner oder Potsdamer Geschichts- oder Touristenvereine, die sich die Erforschung und Popularisierung vaterländischer Traditionen zum Ziel gesetzt haben, einen Sonntag im Monat unter sachkundiger Führung auf Exkursionen verbringen, in ihrer Zeitschrift *(Mitteilungen des Vereins für…)* darüber teils pathetisch, teils neckisch berichten und auf diese Ausflüge gern einen Photographen mitnehmen, der für alle Beteiligten ein Erinnerungsbild anfertigen kann.

An diesem Januartag haben sie erst in Mittenwalde die Stelle besichtigt, an der, nach einem slawischen Burgwall, eine der sagenhaften Nuthe-Burgen gestanden hatte, sind dann in der Pfarrkirche St. Moritz, wo Paul Gerhardt amtiert hatte, vom Kirchenchor mit *Nun ruhen alle Wälder* und *Befiehl du deine Wege* empfangen worden, haben des geistlichen Dichters großes Porträt bewundert und daraufhin des Stadtarchivars Standardvortrag *Mittenwalde einst und jetzt* über sich ergehen lassen, der natürlich, wie alles in der Mark,

Das Städtchen Mittenwalde entstand
im 13. Jahrhundert im Schutz einer
askanischen Grenzburg. Von der mittelalterlichen Stadtbefestigung ist nur
noch das Berliner Tor und ein Turm
aus Feldsteinen erhalten. In der
Mittenwalder Pfarrkirche St. Moritz hat
von 1652–1657 der Kirchenlieder-
dichter Paul Gerhardt amtiert.

mit den Urstromtälern und den End- und Seitenmoränen der Eiszeit begann. Die germanische Besiedlung wurde ausführlich, die slawische nur kurz besprochen, um schnell zur Gründung der frühdeutschen Burg im 12. Jahrhundert zu kommen, der die Stadt ihre Entstehung verdankt. Den Blütezeiten im Mittelalter folgten Notjahre im 17. Jahrhundert, die im 18. wieder zu Ende gingen, als Friedrich der Große ein Regiment Feldjäger hierher verlegte, deren Kommandeur später General Yorck, der Held von Tauroggen, wurde, der Stolz der Stadt. Mit dem Bau des Notte-Nuthe-Kanals, der unter Umgehung Berlins die Dahme direkt mit der Havel verbindet, wurde zur Gegenwart übergeleitet und dann ein optimistischer Blick in die Zukunft geworfen: Keine fünf Jahre mehr und Mittenwalde wird eine Kleinbahn erhalten, mit der man in zwei Stunden in Rixdorf und damit schon fast in Berlin sein kann.

Inzwischen ist es Mittag geworden. Im Hotel „Yorck" ist für die

bildungsbeflissenen Vereinsbrüder die Tafel bereitet. Vorher aber müssen sie vor dem backsteinernen Ziergiebel des Berliner Tores noch auf die Platte gebannt werden, damit von diesem Erlebnis auch etwas bleibt.

Der Photograph, der anonym bleibt wie die Architekten des Mittelalters, hat das genaue Datum dieses Gruppen- und Architekturbildes hinterlassen. Am 29. Januar 1888 wurde es aufgenommen, im sogenannten Dreikaiserjahr also, das aber an diesem Tage noch nicht so hieß. Erst im März wird der alte Kaiser, Wilhelm I., mit 91 Jahren das Zeitliche segnen, 99 Tage später der Sohn, Friedrich III., in Potsdam seinem Krebsleiden erliegen und der Enkel, Wilhelm II., den Thron besteigen, den er dreißig Jahre später, vor der Revolution flüchtend, verlassen wird. Noch regiert Bismarck, noch ist das Sozialistengesetz gültig, doch wächst die sozialdemokratische Anhängerschaft weiter an. Noch sitzen überall in der Mark die alten Adelsfamilien, aber immer mehr

Rittergüter gehen in die Hände bürgerlicher Geldleute über; auf Groß-Behnitz im Havelland beispielsweise hat die Familie Borsig die Familie von Itzenplitz abgelöst. Während die kleinen Bauern ihre Wirtschaften noch in alter Weise betreiben, gehen die Großgrundbesitzer mit Molkereien, Brennereien und Ziegeleien immer mehr zu industrieller Herstellung über, denn die Nachfrage ist groß. Berlin ist in rapidem Wachstum begriffen. Einige seiner Vororte sind schon zu eigenständigen Großstädten geworden, und immer weiter drängen Fabriken und Wohnsiedlungen, Wasserwerke und Rieselfelder in die märkische Landschaft hinaus. Die ist schon vielfach von Eisenbahndämmen zerschnitten. Bereits um 1840 waren die ersten Strecken nach Potsdam und Frankfurt an der Oder eröffnet worden; inzwischen hat sich ein Bahnnetz entwickelt, das alle wichtigen märkischen Städte miteinander verbindet, wodurch auch das Reisen erschwinglich wird und in Mode kommt. Berliner, die es sich leisten können, fahren jahr-

ein, jahraus in die Sommerfrische. Das Riesengebirge, der Harz und die Ostsee sind die beliebtesten Ziele, billiger aber ist die Fahrt in die Mark. Wenn Heringsdorf, die Schneekoppe oder der Hexentanzplatz nicht in Frage kommen, muß sich Fontane mit „Seebad" Rüdersdorf oder Hankels Ablage begnügen; die Hauptsache ist, er kommt aus der lauter und schmutziger werdenden Großstadt hinaus.

Die Millionäre, die sich in den neunziger Jahren im Grunewald ihre prächtigen Villen bauten, die Dichter um Bruno Wille und Wilhelm Bölsche, die sich auf der anderen Seite der Weltstadt nach Friedrichshagen verzogen, und die Heimatforscher, die im Januar des Dreikaiserjahres Mittenwalde besuchten, folgten alle dem gleichen Drang des Großstädters in die Natur. Die Naturferne Berlins hatte die grüne Umgebung veredelt; was man früher als langweilig empfunden hatte, wurde nun schön.

Noch am Anfang des 19. Jahrhunderts hatte die märkische Landschaft als öde und häßlich gegolten. Als der dichtende Pastor Schmidt von Werneuchen nicht wie üblich den Rhein oder Italien, sondern die Mark zum poetischen Gegenstand machte, reagierte die Kritik böse bis spöttisch, und Goethe wurde durch diese Sandpoesie zu einem parodistischen Gedicht veranlaßt, in dem unter anderem behauptet wurde: in der Mark keime schon alles in getrocknetem Zustand auf. Heinrich von Kleist, selbst ein Märker, vermutete in einem Brief aus der Schweiz, daß der Schöpfer seiner eintönigen Heimat während der Arbeit an ihr eingeschlummert wäre. Stendhal fand es ganz und gar unsinnig, eine so schöne Stadt wie Potsdam in solcher Einöde zu gründen. Für Friedrich von Cölln war die Mark die Sandwüste Arabiens, und Jean Paul verglich sie mit der Sahara, fügte aber gerechterweise hinzu: Welche Oasen darin! Daß die trocknen Gefilde auch den Geist eintrocknen ließen, vermutete Gottfried Keller noch um die Jahrhundertmitte. Doch wenig später, als Fontane seine Lektionen im

Erkennen märkischer Schönheiten

erteilte, war es bald mit den Vorurteilen vorbei.

Die altehrwürdige und später oft strapazierte Charakterisierung der Mark als des Reichs Streusandbüchse war vermutlich dadurch entstanden, daß die Berlin-Reisenden die Mark nur als sandige Wege erlebten, durch die sich die Kutschen hindurchquälen mußten. Erst die Entdeckung des Abseitigen ließ erkennen, daß der Reiz dieser Landschaft vor allem im Wechsel besteht. Um ihre ruhige Schlichtheit erkennen zu können, muß der Reisende, wie Fontane sagt, falsche Vergleiche unterlassen können; er darf nicht grobe Effekte, wie Gletscher oder Meeresstürme, verlangen, sondern er muß einen feineren, empfindsameren Natursinn entwickeln, der auch auf rötliche Kiefernstämme am Waldrand, auf Kirchen, die sich im Dorfteich spiegeln, und auf die klaren Linien des flachen Luchs reagiert.

Die melancholische Schönheit der märkischen Seen, die Fontane rühmte, kehrte, noch zu seinen

Lebzeiten und von ihm auch beachtet, in den Bildern Walter Leistikows wieder. Da zeigen sich Anmut und Monotonie in düsterer Feiertagsstimmung; da geht der Vollmond auf hinter der Havel; dunkle Wälder umrahmen den tief gelegenen See bei Grünheide; an den Ufern der Grunewaldseen stehen schweigend die Kiefern, und das Wasser wechselt die Farbe in wechselndem Licht. Im Dreikaiserjahr hatte Leistikow seine Ausbildung beendet. Einige Jahre später begann er märkische Seen zu malen, in einer Zeit also, in der auch beim jungen Gerhart Hauptmann in Erkner, bei den Dichtern in Friedrichshagen und auch bei Berliner Photographen das Interesse an märkischer Landschaft erwacht. Sie alle bevorzugen nicht nur die gleichen Motive, sie betrachten sie auch in ähnlicher Weise, in der Natursicht des Großstädters nämlich, der, auf der Flucht vor Menschengewühl und Hektik, in der Landschaft vor allem die Stille, die Weltabgeschiedenheit und die Urwüchsigkeit sucht. Das

aber kann sich auch in armseligen Bauernkaten oder verfallenen Gemäuern verkörpern; und da man von der Unaufhaltsamkeit des technischen Fortschritts weiß, sieht man sie als vergängliche Werte, von leichter Trauer umweht.

Verbunden mit der Flucht in die Natur war auf diese Weise auch die in die Geschichte. Das 19. Jahrhundert war das des Historismus. Die Nüchternheit des sich ausbreitenden Kapitalismus förderte die Vergangenheitssehnsucht. In der ersten Jahrhunderthälfte, als der märkische Romantiker de la Motte Fouqué seine Ritterromane verfaßte, der preußische Hof Ritterturniere veranstaltete und Friedrich Wilhelm IV. vom Gottesgnadentum schwärmte, war es vorwiegend das Mittelalter, das die Herzen bewegte; in der zweiten Hälfte, an dessen Ende Nietzsche Nutzen und Nachteil der Historie für das Leben diskutierte und der letzte, märkischste Roman Fontanes, *Der Stechlin*, sich um die Fragen von Werden und Vergehen drehte, war es vor allem wohl Fridericus Rex.

Ihres Fischreichtums wegen waren
die märkischen Seen seit jeher wichtig.
Ihre melancholische Schönheit aber
wurde erst im 19. Jahrhundert entdeckt.

Die Lesewelt verlangte nach historischen Romanen, und die Schriftsteller bedienten sie mit dergleichen, Alexis und Hesekiel auch mit solchen, in denen die Geschichte der Mark lebendig wird. Noch im 18. Jahrhundert war es üblich gewesen, wertvolle historische Bauten, die keinen Gebrauchswert mehr hatten, als billiges Material für neue zu nutzen; jetzt begann in Preußen mit Karl Friedrich Schinkel die Denkmalspflege, die später auch seinen eignen Bauwerken zugute kam.

Auch Fontane war von Kindheit an von Geschichte begeistert. Auch in seinen Gegenwartsromanen ist das zu spüren, und seine *Wanderungen* leben zu großen Teilen davon. In ihnen brachte er für die Leser die Örtlichkeiten mit den Geschehnissen der Geschichte zusammen. Durch ihn vor allem wurde für breite Schichten die Mark Brandenburg zu einer historischen Landschaft, und da er sie vielfach zum Hintergrund seiner Romane machte, wurde auch eine literarische Landschaft daraus.

Das Denkmal Friedrich Wilhelms, des Großen Kurfürsten, von Johann Georg Glume (1738) in Rathenow erinnert an das Jahr 1675, als mit der Vertreibung der Schweden aus der Stadt deren Niederlage bei Fehrbellin begann.

Er schuf eine Art Landesmythos, der auch Leute erreichte, die seine Bücher nie lasen. Würde man die vielen historischen Reminiszenzen, die sich in seinem Gesamtwerk verbergen, aus ihrem Zusammenhang lösen und chronologisch ordnen, erhielte man eine ziemlich lückenlose, wenn auch an einigen Punkten verstärkte, Geschichte der Mark. Das beginnt mit archäologischen Funden aus germanischen und slawischen Zeiten, über die sich heimatforschende Romangestalten seitenlang amüsant streiten, setzt sich, veranlaßt durch Feldsteinkirchen und Klosterruinen, fort mit der frühdeutschen Kolonisierung, schildert die Kämpfe des Adels mit der Zentralmacht, den Hohenzollern, deren Geschichte dann über die Jahrhunderte hin verfolgt wird, wobei der Schwerpunkt deutlich in der Zeit des klassischen Preußen liegt.

Daß Fontane die Sicht seiner Zeit auf die Geschichte der Mark weitgehend bestimmte, hängt nicht nur mit seinem literarischen Können und seiner Detailkenntnis zusammen, sondern auch mit seinem Eingebettetsein in den geistigen Strom der Zeit. Bei allem Glauben an den technischen Fortschritt lebte man mit einer Orientierung nach hinten, in die ruhmreiche Vergangenheit. Man schuf und pflegte den Hohenzollern-Mythos, vorwiegend den um Friedrich und Luise. Man baute gotisch und romanisch, später übernahm man Elemente der Renaissance und des Barock, und schließlich wurde auch das Fachwerk wieder modern. Die Historienmalerei florierte, die Bildhauerei verlegte sich auf Helden in Marmor und Bronze, die Fontane-Epigonen setzten sein *Wanderungs*-Werk fort in trivialen Formen, und der wilhelmische Geist, eine Mischung aus Vergangenheitsschwärmerei, Größenwahn und Fortschrittsglauben, von dem der alte Fontane sich immer mehr distanzierte, fand seinen deutlichsten Ausdruck im immer monumentaler werdenden Denkmalsbau.

Rauchs durchaus noch menschlichen Maßen entsprechendes Friedrich-Denkmal war 1851, unter Fontanes dichterischem Beifall, errichtet worden. Kaum war 1888 der erste Kaiser gestorben, wurde für ihn, als den Heldenkaiser Wilhelm der Große, schon ein viel größeres und pompöseres Denkmal in Schloßnähe geplant. Überall in Deutschland mußte sich das nationalistische Selbstwertgefühl des geeinten Reiches in Stein dokumentieren. Neben unzähligen Kaiser- und Bismarckdenkmälern und -warten entstanden zwischen 1875 und 1895 das Hermannsdenkmal im Teutoburger Wald und das Niederwalddenkmal, die Denkmäler an der Porta Westfalica, am Deutschen Eck und auf dem Kyffhäuser, und 1913, zum hundertsten Jahrestag der Befreiungskriege, machte sich patriotische Begeisterung erneut in Mahnmalen Luft.

Da konnte auch Preußens Kernland, die Mark, arm wie sie war, sich nicht lumpen lassen; auch kleinere Orte, Friesack im Havelland beispielsweise, wollten ihr Denkmal haben. Stand doch im nahen Rathenow schon der Große Kurfürst, in Neuruppin Friedrich

Wilhelm II.; Gransee erinnerte an die Königin Luise und Fehrbellin an die gleichnamige Schlacht. Die Erinnerung, die die Friesacker bewahrt wissen wollten, reichte viel weiter, nämlich zurück in die Geburtsstunde der hohenzollernschen Dynastie. Als 1410 der Burggraf von Nürnberg, Friedrich von Hohenzollern, vom Kaiser in die von Adelsfehden zerrissene Mark geschickt wurde, war Burg Friesack die letzte Bastion des von Dietrich von Quitzow geführten aufsässigen Adels gewesen; erst ihr Fall, 1414, sicherte des Markgrafen Macht.

An der Idee, dem Belagerer und Erstürmer ihrer Stadt ein Denkmal zu setzen, war vermutlich auch die Literatur beteiligt, zumindest trug sie zur Finanzierung des Vorhabens bei. 1888, als Ernst von Wildenbruchs vaterländisches Schauspiel *Die Quitzows* an den Sieg des Markgrafen über die Rebellen erinnerte, wurde die Errichtung des Denkmals beschlossen, ein Wettbewerb ausgeschrieben und ein Sieger ermittelt, der den Auftrag dann aber doch nicht bekam. Denn

In Friesack wurde 1414 der aufsässige Adel vom ersten märkischen Hohenzollern, Friedrich I., endgültig besiegt. Von dem 1894 errichteten Denkmal ist heute nur noch der Sockel zu sehen.

der Kaiser, der das letzte Wort hatte, ignorierte die Entscheidung der Jury und gab den Auftrag an den Drake-Schüler Alexander Calandrelli, der mit Hohenzollernfiguren schon Übung hatte; einen Friedrich I. hatte er schon für den Marienberg bei der Stadt Brandenburg geschaffen, und auch das Reiterstandbild Friedrich Wilhelms IV., das heute noch in Berlin vor der Nationalgalerie steht, ist sein Werk. Sein Friesacker Friedrich, ein drei Meter hohes bronzenes Standbild (das am 13. Oktober 1894 in Anwesenheit des Kaisers enthüllt und 1945, als man Preußen verfluchte und Buntmetall brauchte, eingeschmolzen wurde) zeigte sich, in Kettenhemd, Panzer und Sturmhaube auf hohem Postament stehend, kampfentschlossen, das Schwert in der nervigen Faust.

Als man sich für den Standort, südlich der Stadt auf dem Mühlenberg, von wo aus 1414 die Burg mit Kanonen beschossen wurde, entschieden hatte, kamen dort Vertreter der Friesacker Bürgerschaft und der Berliner Denkmalskommission

zusammen, um den genauen Platz an Hand der Flurkarten festzulegen; und da man auch den bekannten Berliner Photographen F. Albert Schwartz dabei hatte, wurde dieser historische Moment für die Nachwelt fixiert. Man glaubt, vor der im Hintergrund sichtbaren Windmühle den Landrat, den dikken Gastwirt und den Bürgermeister erkennen und die patriotischen Phrasen hören zu können, die man in Berichten aus dieser Zeit liest. Vielleicht wurde hier schon die spektakuläre Finanzierungsaktion des Standbildes beschlossen, die 1891, drei Jahre vor der Denkmalsenthüllung, unter starker Anteilnahme der Öffentlichkeit zur Ausführung kam. Zur Freude des jungen Kaisers zelebrierten hier an historischer Stätte mehr als hundert verkleidete Friesacker Bürger Wildenbruchs Schauspiel, dessen strahlender Held und Sprachrohr des Autors selbstverständlich der Urahn Wilhelms II., der Kurfürst Friedrich I., war.

Die Vorstellung, daß die auf dem Photo abgebildeten Honoratioren den Vatermörder, den steifen Hut, Spazierstock und Gehrock mit Helm, Harnisch und Schwert vertauschten, um an geweihter Stätte Kampf zu imitieren und die Mark Brandenburg mit den Worten „Du Land des Sandes, du, verhöhnt, verachtet" zu begrüßen, erscheint seltsam, bietet für die Kaiserzeit aber ein zutreffendes Bild. Die Militär- und Industriemacht, in der Wissenschaft und Technik blühten, gefiel sich, wie Majestät selbst, in historischer Kostümierung, benutzte die Erinnerung an ihre bescheidenen Anfänge als Beweis für ihre erreichte Größe und deckte alle Gegenwartsproblematik mit Vergangenheitsschwärmerei zu.

Auch an der Heimatliteratur, die Fontane nachfolgte und ihn nie erreichte, läßt sich das ablesen. Natur-, Geschichts- und Herrscherliebe wollen sich in ihr immer, wie es bei Wildenbruch heißt, mit der „märkischen Erde vermählen". Sie scheut zeitkritische Töne – und bleibt sich in dieser Hinsicht ein Jahrhundert lang treu, allen ideologischen Wechseln zum Trotz.

Immer sucht sie im Gewesenen nach dem von oben Gewünschten und paßt sich verordneten Tendenzen, ob die nun Hohenzollern, deutsches Wesen, Blut und Boden oder Klassenkampf heißen, geschmeidig an.

Gelobt werden die Mark und die Märker immer. In Wildenbruchs *Quitzows* kann man lesen:

„Ja, du bist arm, dich schmücken nicht Gebirge,
Nicht üpp'ger Wiesen Saft und schwellend Grün –
In deinen Söhnen nur, in deinen Töchtern
Ruht all dein Reichtum . . .“,

und man bekommt damit auf sprachlichen Stelzen einen immerwährenden und immer fragwürdigen Gedanken geboten, den einer dieser Söhne, Theodor Fontane nämlich (der übrigens als Theaterkritiker der *Vossischen Zeitung* Wildenbruchs Schauspiel zwar als „Genialitätsstück“ bezeichnet, dessen Phrasenhaftigkeit aber verurteilt hatte), schon Jahrzehnte zuvor im Vorwort zu den *Wanderungen* schlichter ausgesprochen hatte: „Das Beste aber, dem du begegnen wirst, das werden die Menschen sein.“

Die Bezeichnung Spreeland, die man auf keiner Landkarte findet, wurde von Theodor Fontane erfunden, als er für seine *Wanderungen durch die Mark Brandenburg* ein Pendant zum Havelland brauchte, das als festumrissener Bereich existiert. Das Spreeland dagegen hat vage Grenzen. Es liegt zwischen der unteren Spree und der Dahme, umfaßt auch die Zuflüsse mit, die oft kümmerlich sind und Namen wie Wudritz, Berste, Notte, Ölse, Blabber und Löcknitz führen, und reicht von Lübbenau bis Berlin.

Wie penible Geographen errechnet haben, legt die Spree von ihrer Quelle an der böhmischen Grenze bis zu ihrer Mündung in die Havel, bei Berlin-Spandau, genau 397,5 Kilometer zurück. Fast die Hälfte ihres Laufs in nördliche Richtung führt durch die sächsische Oberlausitz, dann feuchtet sie im Land Brandenburg einen Boden, den der Braunkohlentagebau in den letzten Jahrzehnten verwüstet hat, aber erst wenn sie sich hinter sieben qualmenden Kraftwerksschloten in unzählige Bäche und Kanäle zersplittert, tritt sie in die Gegend ein, die Fontane mit dem Begriff Spreeland meint.

Sie beginnt mit einer Touristenattraktion, dem Spreewald nämlich. Der hatte es wahrscheinlich nur seiner Berühmtheit zu danken, daß er nicht, wie viele südlich von ihm gelegene Landschaften und Dörfer, in DDR-Zeiten der Braunkohlegewinnung zum Opfer gefallen war. Er war mit der Residenzstadt schon seit 150 Jahren verbunden, belieferte sie nicht nur mit Meerrettich und Gurken, sondern auch mit vollbusigen Ammen und bot ihr mit seinen fremdsprachigen Eingeborenen eine Exotik, die den besonderen Vorteil hatte, daß sie mit der Berlin-Cottbuser Bahn in zwei Stunden erreichbar war. Spreewaldbegeisterte scheuten nicht den Vergleich mit Venedig, und für Schullesebücher war das wasserverbundene Leben der Wenden (wie man die Sorben früher zu nennen pflegte) ein farbiger Stoff. Da war von der sorbischen Sprache, von Trachten, Bräuchen und

Blockhäusern die Rede, von Dörfern, die zu Fuß nicht erreichbar waren, von Postboten, die im Winter auf Schlittschuhen die Briefe austragen, und von einem urwüchsigen Dasein, das sich von der Wiege bis zur Bahre vorwiegend im Kahn abspielt.

Auch heute noch kann man dergleichen lesen, doch ist nach so viel romantischer Einstimmung die Realität eines ersten Ausflugs dann natürlich enttäuschend. Denn gesprochen wird Deutsch (ein leicht ländlich gefärbtes Berlinisch), Spreewälder Trachten tragen nur, den Touristen zuliebe, die kräftigen Kahnführerinnen und die Püppchen in den Andenkenbuden, die Bäche (hier, wie im ganzen Spreeland, Fließe genannt) erweisen sich meist als schnurgerade Kanäle, die Natur ist erfüllt vom Lärm der Touristen, und nur die Mücken, die die auf den Wasserstraßen sich stauenden Kähne mit Biertrinkern umschwärmen, erscheinen ganz echt.

Erst mit dem Schwinden der falschen Erwartung, hier sei die Zeit stehengeblieben, und nach Verlassen der Touristenscharen, erschließen sich auch die Schönheiten, die aus dem harmonischen Miteinander von Natur und Kultur entstehen. Vegetationsvielfalt, Libellen und Eisvögel bezaubern. Der Wechsel von Wald, Wiesen, Dörfern, Poldern, Gräben und Deichen geben der Landschaft ein parkähnliches Gepräge. Nicht Urwüchsigkeit ist es, was hier beeindruckt, sondern eine vom Menschen gezähmte, benutzte, aber nicht zerstörte Natur.

Deren Gleichgewicht scheint heute gefährdet. Denn die nahen Kraftwerke, die das Wasser erwärmen, verhindern im Winter das Zufrieren der Kanäle, und die Umstellung auf Marktwirtschaft bedroht die Existenz der Kleinbauern, die neben Wiesen nicht mehr als einen Hektar Acker bewirtschaften, was für den Markt nicht effektiv genug ist.

Die stillen Fußwege, die erhöhten Holzbrücken, die Wasserläufe, von denen zweihundert mit Booten befahren werden können, bieten die Möglichkeit, sich abseits des Touristenstroms zu halten, der sich vor allem auf den Oberspreewald, auf Lübbenau, Lehde und Leipe konzentriert. Hierher, zu den Bauernhofinseln mit Blockhäusern, dem Freilichtmuseum und den Dörfern, die früher tatsächlich nur mit dem Kahn erreichbar waren, sollte man im Frühling oder im Herbst kommen; im Sommer aber bietet sich der wesentlich stillere und weiträumigere Unterspreewald an.

Auch in Lübben, der Kreisstadt, gibt es Kähne zu mieten. Das Auto jedenfalls sollte am Marktplatz stehen bleiben, vielleicht vor dem Denkmal Paul Gerhardts, des Pfarrers, der die schönsten deutschen Kirchenlieder gedichtet hat. Nach Lübben (damals die Hauptstadt der Niederlausitz und bis 1815 sächsisch) war er gekommen, weil er im toleranten Berlin seinen Posten verloren hatte, wegen intoleranter Orthodoxie. In Lübben hat er die letzten Lebensjahre verbracht und wurde 1676 hier auch begraben, im Chorraum der spätgotischen Kir-

Der Oberspreewald mit seinem Gewirr
unzähliger Wasserstraßen war schon
seit dem vorigen Jahrhundert Ausflugs-
ort, besonders für die Berliner.
Die beliebten Kahnfahrten beginnen
meist in Lübbenau.

che, die bei den Kämpfen im April 1945, als die Stadt zu achtzig Prozent zerstört wurde, bis auf die barocke Turmhaube wunderbarerweise erhalten blieb. Liedanfänge von ihm zieren Denkmal und Kirchenwände, »Geh aus mein Herz und suche Freud in dieser lieben Sommerszeit«, wäre wohl das Passende für Besucher, die sich am Stadtpark, der Hain genannt, eine stundenlange Kahnfahrt durch Wälder und Wiesen leisten, nach Groß-Wasserburg oder nach Schlepzig, wo sich in der Dorfkirche, einem Fachwerkbau aus dem 18.Jahrhundert, ein blauer Wolkenhimmel über die Gläubigen spannt.

Der lange, schmale, so gut wie unbesiedelte untere Spreewald, der die Bezeichnung Wald eher verdient als der obere, ist streng nach Norden gerichtet, als strebten seine Wasser schnurstracks ihrem Ziel, Berlin, zu. Dem aber stehen sandige Hochflächen entgegen. Die wieder vereinigte Spree muß einen Bogen nach Osten schlagen; es fehlte nicht viel und sie würde die

Oder erreichen, doch kurz vor der Wasserscheide zwischen Ost- und Nordsee biegt sie wieder in die hauptstädtische Richtung ein. Auf diesem Abschnitt war sie jahrhundertelang Südgrenze des klassischen Preußen. Die Brücke in Kossenblatt heißt heute noch Zollbrücke und zeugt davon, daß politische Grenzziehung schon immer willkürlich war.

Die Beeskower Hochfläche, die die Spree zum Ausweichen nötigt, ist im östlichen Teil karg und sandig, im westlichen aber, auf Storkow zu, waldreich und an Wasser nicht arm. Seenketten, durch Fließe verbunden, die, heute kaum glaublich, früher Walk-, Schneide- und Mahlmühlen trieben, lassen ihr Wasser in Spree oder Dahme fließen, oft auf Umwegen über andere Gewässer, so daß (früher zum Nutzen der Binnenschiffahrt und der Holzflößerei, heute zur Freude der Wassersportler) fast alle Seen auf Wasserwegen erreichbar sind. Die kalten und klaren Wasser des Tiefsees bei Limsdorf zum Beispiel hätten es, flössen sie südlich, nah zur Spree, nur vier Kilometer; sie fließen aber nach Norden, durch vier kleine Seen in den größten der Mark, den Scharmützel, biegen nach Westen in die Gewässer um Storkow, dann in die Dahme und erreichen die Spree erst ganz unten, nach einer Reise von etwa achtzig Kilometern, bei Berlin-Köpenick.

Beeskow-Storkows Geschichte bietet kaum Höhepunkte. Germanische Semnonen, slawische Lusiki, deutsche Kolonisatoren, preußische Beamte und sächsische Parteifunktionäre kamen nacheinander in diese Gegend, aber ein Ereignis, das die Geschichtsbücher hätten verzeichnen können, kam nie. Den Wettinern und der Böhmischen Krone, die hier im Mittelalter die Lehnshoheit hatten, waren die beiden Herrschaften so uninteressant wie später den brandenburgischen Kurfürsten und preußischen Königen; und nur einer von ihnen, der Soldatenkönig, besuchte sie mehrmals, erst zur Jagd und dann, um in der Abgeschiedenheit Kossenblatts seine Gicht auszusitzen,

während er sich die Zeit mit dem Malen von Bildern vertrieb.

Während von den Germanen, die sich in die lieblicheren Gefilde des deutschen Südwestens absetzten, nur Speerspitzen und Urnengräber zurückblieben, sind die seßhaften Slawen bis heute durch Orts- und Familiennamen präsent. In den zwei Städtchen (deren End-W, das sei für Süddeutsche gesagt, stumm bleibt) zeugen noch Reste der Burgen, in vielen Dörfern unverwüstliche Feldsteinkirchen von den ersten deutschen Siedlern, Mönchen und Rittern, und von den Preußen blieben Kasernen, Straßen, bizarr gewachsene Maulbeerbäume und die Vorliebe für Kartoffeln zurück.

Reich war man hier immer an Wäldern, Seen, Sandflächen und Sümpfen, arm an Kulturgütern, Fabriken und fruchtbaren Äckern, und da auch berühmte Persönlichkeiten nur dünn gesät waren, nimmt man vorlieb mit dem durch Heinrich von Kleist (als Michael Kohlhaas) bekannten Terroristen Hans Kohlhase, dem Storkow zeitweilig als Schlupfwinkel diente, mit Tschech, einem Storkower Bürgermeister, der umgebracht wurde, weil er den König hatte umbringen wollen, mit Ludwig Leichhardt, einem Australienforscher, und mit einem Beeskower Stadtkämmerer französischer Herkunft, der leider nicht Theodor Fontanes Großvater war, sondern der seiner Frau. Um deren gute und schlechte Seiten zu charakterisieren, schrieb ihr der Gatte einmal in ungnädiger Laune, sie sei halb aus Toulouse und zur anderen Hälfte aus Beeskow, wobei er (obwohl er in *Vor dem Sturm* gesagt hatte, daß Beeskow besser als sein Ruf sei) wohl meinte: spießbürgerlich, kleinstädtisch, provinziell.

Als Fontane 1862 hier reiste und auf den Äckern der Sandplateaus die Halme zählen zu können meinte, bezeichnete er die Gegend als uninteressant und öde; zwanzig Jahre später jedoch, als er ihre Wälder und einsamen Seen entdeckte, nannte er sie ein romantisches Land. Nachfühlen lassen sich diese Gegensätze noch heute, doch sind ihre Ausprägungen schwächer geworden; neuzeitlicher Ackerbau hat die Felder fruchtbarer werden lassen, und die Wälder und Seen sind im Sommer von Urlaubern belebt. Dann bestimmen nackte Haut und schreiende Farben das Bild der Kleinstädte und der seenahen Dörfer; die mit der Marktwirtschaft aus dem Boden geschossenen Imbißbuden haben keinen Mangel an Kunden, und der Motorenlärm wächst auch auf Nebenstraßen stark an.

Will man die Provinz in ihrer wahren Gestalt erleben, muß man in der kalten Jahreszeit kommen, wenn man in den Dörfern, die oft so seltsame Namen wie Ranzig, Stremmen, Sauen, Markgrafpieske, Neu-Boston oder Philadelphia tragen, keinem Menschen auf der Straße begegnet und die Verkäuferinnen in den seltener werdenden kleinen Läden zum Plaudern aufgelegt sind. Über die Sehenswürdigkeiten des Ortes wird man bei ihnen das Notwendigste erfahren, und sie werden einem Spuren von einer Lebenshaltung vermitteln, an der, ungeachtet der großen Nöte und Sorgen, ein ruhiger Gleichmut, ein Gefühl, Zeit zu haben, besticht.

Besonders im Großstädter, der Hektik gewohnt ist, kann sich hier leicht die Vorstellung entwickeln, er sei beim Verlassen der Autobahn Berlin–Frankfurt/Oder in eine Vergangenheitswelt geraten, in der die Zeit stehengeblieben ist. Sie ist aber nicht stehengeblieben, sie ist nur in eine andere Richtung gegangen als in den westlichen Wohlstandsgebieten, in eine von Armut bestimmte Richtung, die sich äußerlich nicht so deutlich markiert. Der Autoverkehr, der wie ein Krieg tägliche Opfer fordert, ist auch hier längst schon zum Götzen geworden, doch sieht man das der Betonplattenautobahn aus den dreißiger Jahren und den schmalen Chausseen mit schattenspendenden Bäumen nicht an.

Auch die Eisenbahn mit ihren Bahnhöfen aus rotem Backstein läßt an Vergangenheit denken. Wenn auch Dieselmaschinen die kohlegetriebenen Lokomotiven inzwischen ersetzen, hat sich auf

ihren schmalen, oft nur notdürftig befestigten Strecken seit ihrer Erbauungszeit, der Jahrhundertwende, nur wenig geändert. Selbst die Fahrpläne sind über Jahrzehnte hinweg fast die gleichen geblieben; denn die eingleisige Streckenführung mit nur wenigen Ausweichstellen läßt eine dichtere Zugfolge nicht zu. Die Befürchtung der weniger werdenden Eisenbahnfahrer, die Strecken könnten nicht ausgebaut, sondern eingestellt werden, könnte bald Wirklichkeit werden, wenn die landschaftzerstörende Straßenbaumanie sich nicht bald legt.

Aber sie wird sich nicht legen. Denn die riesigen Lastwagen, die in dieses Milch produzierende Land Butter aus Holstein und Irland bringen, brauchen schnurgerade und breite Straßen zum Rasen, und die Kleinstädte brauchen Umgehungsstraßen, damit der Verkehr in ihren von Lärm, Staub und Abgasen erfüllten Gassen nicht ganz zum Erliegen kommt. Spreebrücken müssen gebaut werden, um die Stauräume

48 St. Marien in Beeskow, eine spätgotische Backsteinkirche, ist seit April 1945
Ruine, bestimmt aber noch immer
das Bild der Stadt. Mit ihrem Wiederaufbau wurde 1992 begonnen.

zu entlasten. Denn, wie im Mittelalter, findet auch heute der Fluß-
übergang fast nur in den Städten,
Lübben, Beeskow und Fürstenwalde, statt.

Die Marktplätze der Städte, die
in DDR-Zeiten ihre angestammte
Funktion so gut wie verloren hatten, sind nun wieder von Park- zu
Handelsplätzen geworden, in
Beeskow von Durchgangsverkehr
umtobt. Hier hatte der Krieg in seinem Endstadium nicht so heftig
gewütet wie in Lübben, Fürstenwalde, Wriezen und Frankfurt/
Oder, aber das Zentrum von Beeskow hatte es doch getroffen; noch
steht, allerdings schon von Bauge-
rüsten umgeben, St. Marien, eine
spätgotische Backsteinkirche, als
imposante Ruine da. Sie steht
etwas abseits vom Markt, in einem
verkehrslosen, von alten Linden
beschatteten Winkel. Hier und am
Spreeufer, im Fischerkietz unter
der Burg und an der Stadtmauer,
kann man die Stille, die der Stadt
eigentlich zukommt, immer noch
spüren. Sie war immer die wohl-
habendere der Schwesterstädte und

In Beeskow umfließen zwei Arme der
Spree eine Insel. Auf ihr liegen die
Burg, in deren Schutz die Stadt einst
entstand, und der Fischerkietz.

hat auch heute, trotz Verkehrslärm, noch etwas Ehrwürdiges, während das Beste am ärmlichen Storkow seine Lage zwischen mehreren Seen ist.

Bedeutende Adelssitze gab es zwischen Spree und Dahme nicht viele. Der Soldatenkönig, der lieber als in Berlin und Potsdam im ärmlichen Jagdschloß Wusterhausen residierte, schätzte diese Gegend ihres Wildreichtums wegen, sein Sohn Friedrich aber, der unter der Primitivität Wusterhausens immer gelitten hatte, mochte sie nicht. Sie ist herber und zerrissener als die liebliche Landschaft an der Havel, und da keiner der späteren Preußenkönige an ihr Interesse zeigte, wurde nie ein Potsdam oder Rheinsberg daraus. Bis ins 18. Jahrhundert hinein sprach ein Teil der Einwohner hier noch Sorbisch. Als Fontane sich aufmachte, um von Köpenick aus mit einem Segelboot die Wendische Spree (das ist die Dahme) hinaufzufahren, sprach er von Wendei und von Expedition, als gelte es, die Quellen des Nils zu erkunden und nicht den Teupitzer

See. Er bedauerte die mangelnde Geschichtsträchtigkeit dieser Gegend, das Fehlen von Schlachten zum Beispiel. Doch hat sich das inzwischen in schrecklicher Weise geändert, denn hier an der Dahme, zwischen Königs Wusterhausen, Halbe und Teupitz, fand mit der Einkesselung der deutschen 9. Armee durch die Russen die letzte Vernichtungsschlacht des Zweiten Weltkriegs statt. 40 000 Soldaten mußten hier kurz vor Kriegsende noch sterben. Sie wurden an Seeufern, Wegen und Waldrändern begraben und in den Jahren danach erst durch Initiative des Pfarrers von Halbe, Ernst Teichmann, umgebettet und, soweit es noch möglich war, identifiziert. 1951 wurde mit der Anlage des Waldfriedhofs in Halbe begonnen, 1960 wurde die Umbettung abgeschlossen. 22 000 deutsche Soldaten liegen hier unter Kiefern begraben; hinzu kamen Russen, die in deutschen Gefangenenlagern verhungert waren, und sechstausend Deutsche, die in sowjetischen Internierungslagern der Nachkriegs-

jahre den Tod fanden. Halbe ist ein Ort des Gedenkens und der Mahnung im märkischen Sand.

Der schlichte, oft melancholische, nie überwältigende Reiz der Landschaft des Spreelandes besteht vor allem im Wechsel. Hier gibt es keine weitschwingenden Hügel mit hohem Himmel wie weiter im Norden, keine tafelglatten Wiesenflächen mit weiten Horizonten wie im Havelländischen Luch. Hier ist die Landschaft meist kurzgegliedert. Sandplateaus senken sich bald wieder zu Flußniederungen und Sümpfen; jähe Erhebungen gibt es, die Berge heißen und bis zu 140 Meter Höhe aufweisen; dürftige Äcker, von baumbestandenen Straßen und Wegen durchzogen, grenzen an trockene Kiefernwälder, deren Eintönigkeit eine zum See führende Birkenallee unterbricht. Um die Gewässer herum ist die Landschaft teilweise zersiedelt, selten aber weiten sich Bauerndörfer zu größeren Wohnsiedlungen aus.

Noch immer sind die Wahrzeichen der Dörfer die Kirchen: die

Der deutsche Soldatenfriedhof in Halbe entstand auf Initiative des evangelischen Dorfpastors Ernst Teichmann. Auf ihm ruhen die Opfer der letzten Kesselschlacht des 2. Weltkrieges, in der Ende April 1945 die deutsche 9. Armee fast völlig vernichtet wurde.

aus Feldsteinen gefügten des Mittelalters, die aus Fachwerk gebauten des 17. und 18.Jahrhunderts, die klassizistischen Putzbauten, wie die große Kirche von Straupitz, die Schinkel erbaute, und viel Neogotik von 1900, oft mit dem entsprechenden Pfarrhaus dabei. Die Toten werden meist noch rund um die Kirche begraben; doch wurden manche alten Friedhöfe auch eingeebnet und die neuen, als ob die Toten ausgeschlossen werden sollten, nach draußen verlegt. Auf allen Friedhöfen lassen sich nicht nur soziologische Studien, sondern auch solche zum Zeitgeschmack machen; unsere Zeit schneidet nicht gut dabei ab.

Die Bauern, die ihre Abhängigkeit von Klöstern, adligen Gutsherren oder königlichen Domänen erst nach den Reformen des vorigen Jahrhunderts langsam verloren, bauten sich, als sie wohlhabender wurden (zum Teil unter betrügerischer Verwendung von Feuerversicherungsgeldern, siehe den in einem märkischen Dorf spielenden *Roten Hahn* von Gerhart Hauptmann) imposante Höfe mit Häusern, die wie kleine Schlösser von Gutsherrn aussehen sollten, oft im verspäteten Stil der Schinkel-Schule, aus Backstein oder in Putztechnik, klassizistisch verziert. Das vor allem durch sie geprägte Bild der märkischen Dörfer hatte sich bis 1945 ziemlich unverändert erhalten, dann begann für das, was der Krieg übriggelassen hatte, der langsame, weniger durch Armut (im Nachkrieg hatten die Bauern Gelegenheit, reich zu werden) als durch die Landwirtschaftspolitik bewirkte Verfall. Die großen Höfe, von mehr als einhundert Hektar, wurden enteignet, teilweise aufgeteilt, teilweise verstaatlicht, Anfang der fünfziger Jahre führte eine repressive Politik zu einer ersten Fluchtwelle, die viele Mittelbauern nach Westen trieb. Die Kollektivierung begann und wurde mit Zwang 1960 beendet, doch ging dann die Entwicklung, die das über Jahrhunderte hin ziemlich gleich gebliebene bäuerliche Leben radikal ändern sollte, erst richtig los.

Anfangs wurden nur die Äcker zusammengelegt und so dem individuellen Zugriff entzogen, dann mußte auch das Vieh den Landwirtschaftlichen Produktionsgenossenschaften (LPG) übergeben und in Großställen gehalten werden, und schließlich wurden die Genossenschaften vieler Dörfer in einigen Zentren zu riesigen Betrieben zusammengezogen und der Ackerbau von der Viehhaltung völlig getrennt. Der sogenannte Genossenschaftsbauer war auf diese Weise zum Arbeiter geworden, der morgens (oder auch nachts, denn in den Großställen und während der Erntezeiten muß im Schichtsystem gearbeitet werden) in ein anderes Dorf, das möglicherweise viele Kilometer entfernt ist, zur Arbeit fuhr. Er arbeitete als Traktorist, Stallwärter oder Motorenschlosser, bekam einen Lohn, der ihn an den Gewinnen (falls welche gemacht wurden) in komplizierter Weise beteiligte, hatte Anspruch auf geregelte Arbeitszeit, Urlaub, Krankengeld und auch Altersversorgung; der Verlust seiner Selbständigkeit wurde ihm also mit sozialer Absicherung bezahlt. Von der Möglichkeit, in geringem Umfang selbst Vieh zu halten, machten nur Leute Gebrauch, die unter dem Brachliegen ihrer Privatinitiative litten; die Masse, der man nicht mehr anmerkte, daß früher in jedem Bauern ein Stück Unternehmertum steckte, hatte sich an die Zwangsproletarisierung, die ein bescheidenes Einkommen sicherte und jedes Risiko ausschloß, gewöhnt. Die Beziehung zu den eignen Äckern, Wiesen und Wäldern war völlig verlorengegangen, oft wußten die Kinder, auch wenn sie Trecker und Mähdrescher über die riesigen Felder steuerten, nicht mehr, wo das eigne Land eigentlich lag. Nach dem Ende der DDR gab es nur wenige Bauern, die von der Möglichkeit, nun wieder eigne Familienbetriebe zu gründen, auch Gebrauch machen wollten; neben dem Mut zu risikoreichem Selbständigwerden fehlt den zu Spezialisten Ausgebildeten auch das vielfältige Können, das ein Bauer braucht.

Was man in der DDR Fortschritt nannte, markiert sich aber nicht nur an den rainlosen Feldern, die sich, nur mit Roggen oder Kartoffeln oder Lupinen bewachsen, teils trostlos, teils imposant von dem einen Dorf bis zum andern erstrekken, sondern auch an den Dörfern selbst. In den ersten Genossenschaftsjahren machten die meisten von ihnen einen verwahrlosten Eindruck, da die funktionslos gewordenen Ställe und Scheunen Verfallsspuren zeigten; heute wirken sie aufgeräumt, sind aber nicht schöner dadurch geworden, eher steril. Wer Dörfer aus der Vergangenheit kennt, wird als erstes die Hühner und Gänse, die Schwalben und Spatzen vermissen, die früher die sandige oder kopfsteingepflasterte Straße belebten; dann wird ihm auffallen, daß ihm nicht nur der Anblick von Menschen (die anderswo ihrer Arbeit nachgehen oder am Fernseher sitzen), sondern auch der anheimelnde Stallgeruch fehlt. Lärmt kein Durchgangsverkehr, herrschen Leere und Stille; nur eine Katze, seltner ein Hund,

überquert vorsichtig den Fahrdamm – es sei denn, es ist Sonnabend, an dem die Straßen gefegt werden müssen und alte Frauen mit Gießkanne und Harke zum Friedhof gehen. Gerät man allerdings in ein Dorf mit landwirtschaftlichem Zentrum, kann man sich vor dem Lärm und Gestank der überstarken Traktoren nicht retten. Barackenähnliche Großviehställe wetteifern an Häßlichkeit mit Futtersilos, Schuppen für Landmaschinen und zwei- bis dreistöckigen Neubaublocks in Plattenbauweise; und die neuetablierte Marktwirtschaft paßt sich mit Billigmärkten, die notdürftig in Lagerhäusern installiert wurden, in die Scheußlichkeiten gut ein. Die alten Bauernhäuser werden klein vor diesen Kolossen, und die ästhetische Geschlossenheit der Siedlung wird völlig zerstört.

Auf ästhetische Abwege führte meist auch die amtlich verordnete Dorfschönheitspflege, weil als schöner galt, was stadtähnlich und pflegeleicht war. Da wurden die alten Kastanien und Linden an der

Dorfstraße geopfert, um platten-belegte Gehwege, die niemand benutzt, zu schaffen, und um die alten Häuser moderner erscheinen zu lassen, wurden die Fenster ver-größert und die Türen mit Vordä-chern aus gelbem Plastik versehen. Da wurden Mauern und Zäune entfernt, um koniferengeschmückte Vorgärten anlegen zu können, und das warme Backsteinrot der alten Häuser wurde von Rauhputz verdeckt. In Dörfern, die in diesem Sinne perfekt sind, fehlen die Bäume, ein Haus sieht aus wie das andere, und auf dem Anger ver-kümmert ein Rosenstrauch hinter kettenverzierten Mäuerchen aus Beton.

Eine tradierte Volkskultur, wie in der weiter südlich gelegenen Lau-sitz, wo Umgebindehäuser, Bauern-möbel und Trachten von ihr noch zeugen, hat es in diesem ärmlichen Landstrich wohl nur in bescheide-nem Maße gegeben, so daß in die-sem Jahrhundert die Industriekul-tur in ihrer trivialsten Form kaum Widerstand fand. Der Kleinbürger-geschmack, den dann die DDR för-

derte, wurde zwar durch ständigen Mangel daran gehindert, sich aus-zutoben, trug aber auch dazu bei, daß manches überkommene Schöne verfiel. Wer Lust hat, dem nachzutrauern, sollte ehemalige Gutsparks und Herrensitze aufsu-chen, wie Groß-Rietz zum Beispiel, nicht weit von Beeskow, wo sich der Verfall exemplarisch zeigt. Da steht ein prächtiger Barockbau von 1700, der einst der Familie von der Marwitz gehörte, und sieht aus, als habe man ihn seit den Zeiten des berüchtigten Ministers Woellner, der 1800 hier starb, nicht mehr renoviert. Die schwungvollen Freitreppen sind geborsten und strauchbewachsen, einige Fenster sind mit Pappe vernagelt, und außen und innen bröckelt von den Wänden der Putz. Die meisten der Flüchtlingsfamilien, die 1945 hier Unterkunft fanden, haben in den nächsten Jahrzehnten, als die Ansprüche wuchsen, das Leben in dem alten Gemäuer als Strafe empfunden und sich eine andere Wohnung gesucht. Zurück blieben in den saalartigen Zimmern mit

Stuckverzierung nur alte Leute und auf Schloßhof und Gartenfront ein Gewirr von Kleingartenparzellen, Holzschuppen und Hundehütten, das das bauliche Zueinandergehören von Park, Schloß und Kirche völlig zerstört. Zwei Obelisken, die das Parkportal schmücken, stehen noch da wie in alten Zeiten, aber Mauern und Zäune sind eingesunken, der Park selbst ist teils verwildert und teils entstellt. Das Ganze steht unter Denkmalschutz, aber der schützt weder vor Verwitterung noch vor der Mißachtung der Leute, die schnell auch mal Müll in den nahen Park warfen, weil der ja sogenanntes Volkseigentum war. Es war nicht nur Armut, die solche Verwahrlosung förderte, es war auch eine politisch erzeugte Traditionslosigkeit. Lange Jahre hindurch geriet jeder, der die Erhaltung der alten Adelssitze verlangte, in den Verdacht reaktionärer Gesinnung, und als sich das änderte, war es, da die Zeit auch in dieser Hinsicht voranschreitet, in manchen Fällen zu spät.

Bescheiden ist das Leben im Spreeland immer gewesen. Auch die Marktwirtschaft wird daran schnell nichts ändern; in der jetzigen Übergangsphase hat sie die Armut eher verschärft. Der Reichtum des Landes besteht in seinen Flüssen, Seen und Wäldern, in seiner Ruhe und in relativ reiner Luft. Auf diese besinnt man sich jetzt und hofft auf Verdienst durch verstärkte Touristik, doch bleibt die vorläufig noch aus. Wie man annimmt, liegt das an der Komfortlosigkeit der angebotenen Quartiere, an schlechten Straßen und der Zurückgebliebenheit der Gastronomie. Man wird also Hotels an die Seen bauen, Wiesen zu Parkplätzen machen, neue Straßen anlegen, die vorhandenen verbreitern – und damit der Gegend ihren Charakter nehmen und sie zu einer machen, in die zu reisen es sich nicht lohnt.

Die Baumvernichtung an den Straßen hat im letzten Jahrzehnt schon begonnen. Um in den Dörfern und Städten breitere Fahrbahnen und gepflasterte Gehwege zu schaffen, hat man alte Linden

Der Zustand des Schlosses in Groß-
Rietz ist nach vierzig DDR-Jahren
erbärmlich. Nach 1945 diente der einst
prächtige Barockbau von 1700
Vertriebenen als Unterkunft. Heute
leben einige alte Frauen in dem
kaum noch bewohnbaren Schloß.

Ob hier bei Plaue, im Westen des
Bundeslandes, oder weit im Osten,
an der Oder, überall gibt es Chausseen
mit alten Straßenbäumen, die heute
vielfach gefährdet sind.

und Kastanien geopfert. Damit die Autos hindurchrasen können, hat man die Dörfer schattenlos, kahl und unansehnlich gemacht. Den Landstraßen aber hat man die Bäume bisher größtenteils noch belassen. Auf den Hochflächen sind es meist Obstgehölze, Pflaumen, Äpfel, seltener mächtige Süßkirschen. Im Frühjahr fährt man duch Spaliere weißer und rötlicher Blüten, im Herbst färbt Fallobst die Fahrbahnen, und im Winter lauert in jedem Straßenabschnitt auf kahlen Zweigen ein Bussardpaar. Birkenalleen, die bei Wind in Bewegung geraten, scheinen keinen anderen Nutzen als ihre weißluftige Schönheit zu haben, wohingegen eine von alten Linden, Eichen oder Kastanien beschattete Straße, die nicht nur der Vogelwelt Lebensraum bietet, auch von dem abgestumpftesten, für Naturschönheiten unempfindlichsten Autofahrer ihrer erfrischenden Kühle wegen als Wohltat empfunden wird. Eine hundert Jahre alte Allee sollte man wie sein eignes Haus bewachen und schützen; denn sie braucht auch in modernen Zeiten wieder hundert Jahre zum Wachsen. Reichtümer dieser Art gibt man nicht widerstandslos weg.

Es gibt Straßen und Dörfer, die zum Durchfahren, und solche, die zum Bleiben einladen, und das hat auch etwas mit Bäumen zu tun.

PASTOR SCHMIDT VON WERNEUCHEN

Als Friedrich Zelter, der Leiter der Berliner Singakademie, im Sommer 1821 zum Grafen von Itzenplitz nach Kunersdorf reiste und in Werneuchen das Wechseln der Pferde abwarten mußte, benutzte er die Gelegenheit, um den Pastor des Städtchens zu sehen. Endlich, so berichtete er brieflich dem Duz-Freund Goethe, habe er den „Sandpoeten", der diese elende Gegend besungen habe, besuchen können, und er meinte mit dem Wort „endlich" die Zeit seit 1796, als das Werk des dichtenden Pastors von Goethe parodiert worden war.

Für Preußen waren diese fünfundzwanzig Jahre eine bewegte Zeit gewesen. Es hatte sich mühsam aus den europäischen Kriegen herausgehalten, war dann doch in sie verwickelt und besiegt und besetzt worden, hatte sich von Napoleon befreit und durch Reformen verändert – an dem dichtenden Pastor aber war das alles fast spurlos vorbeigegangen. Er war, als Goethe ihn parodiert hatte, Prediger in Werneuchen gewesen und blieb es dreiundvierzig Jahre, bis an das Ende seine Lebens, das, glaubt man seinen Gedichten, ein ruhiges, genügsames, zufriedenes Leben war. Das gußeiserne Grabkreuz neben der Kirche, das heute noch steht, nennt Namen und Datum: Friedrich Wilhelm August Schmidt, gestorben den 26. April 1838. Sein Pfarrhaus daneben wurde 1930 abgerissen und durch ein neues ersetzt.

Als Sohn, Enkel und Urenkel von Pastoren war Schmidt 1764, im ersten Friedensjahr nach dem Siebenjährigen Krieg in Fahrland bei Potsdam, das er später in einem seiner schönsten Gedichte besang, geboren worden; doch dauerten die „süßesten Freuden der frühen Jugend" nur neun Jahre, weil der Vater starb und die Mutter mit fünf Kindern zu Verwandten in das benachbarte Döberitz ziehen mußte, das aber auch nur Durchgangsstation für ihn wurde; denn man verbannte ihn nach Berlin.

Die vorgeschriebene graue Anstaltskleidung des Schindler-schen Waisenhauses, einer privaten Stiftung in der Wilhelmstraße, die ihren Zöglingen durch Stipendien auch eine Berufsausbildung möglich machte, mußte er nun sechs Jahre lang tragen. Dann wechselte er für zwei Jahre über in die Klosterstraße, in das berühmte Gymnasium zum Grauen Kloster, in dem, unter anderen bekannten Männern, auch Karl Philipp Moritz, der Autor des *Anton Reiser*, sein Lehrer war. Drei Jahre studierte er Theologie in Halle und bekam 1786, als Zweiundzwanzigjähriger, seine erste, miserabel bezahlte Stellung, als Feldprediger, also Militärgeistlicher, am Invalidenhaus in Berlin.

Friedrich II., der das Invalidenhaus im Berliner Norden (an das noch heute die Invalidenstraße erinnert) vierzig Jahre zuvor hatte bauen lassen, war gerade gestorben; der lebenslustige, kunstsinnige Friedrich Wilhelm II. regierte; das Bürgertum wurde in geistigen Bereichen tonangebend; es begann die große Zeit der Klubs und Salons. Jeder, der sich im Berlin dieser Zeit einen Namen machte, gehörte zu einer dieser Gruppen und Zirkel, nur der Feldprediger Schmidt blieb als Dichter ein Einzelgänger: der Mann vom Dorf, dem die Stadt nicht behagt.

Vom Gegensatz zwischen Stadt und Land handeln fast alle Gedichte, die er seit 1787 in Zeitschriften und Almanachen veröffentlichte, ab 1793 besonders in dem von ihm mit herausgegebenen *Neuen berlinischen Musenalmanach*. Als seine Gedichte 1796 gesammelt erschienen, war darin nichts, und sei es nur indirekt, von der durch die Französische Revolution und die Teilung Polens bewegten Zeitgeschichte zu lesen, dafür aber, wie er im Vorwort sagt, von seiner persönlichen Lebensgeschichte, also vom dörflichen Paradies der Kinderjahre, von Liebe, Vermählung und Vaterfreuden und vor allem von „Sehnsucht nach ländlichem Glück".

Zu dieser Zeit hatte er schon alles erreicht, was er wollte: 1790 war die vielbedichtete Henriette seine Frau geworden, zwei Kinder waren geboren worden (eins davon allerdings wieder gestorben), und er hatte die ersehnte Berufung aufs Land. Sein Gedicht *Abschied von Berlin*, das Anfang 1796 die *Berlinische Monatsschrift* brachte, verkündete den Lesern, daß er den Kerker der Stadt verlassen konnte und fortan sein Glück in Werneuchen finden würde, bei „Boll' und Sellerie".

Bereut hat er diese Entscheidung wohl nie. Er lebte sein Leben so genügsam und abseitig, wie er es hatte leben wollen, und Enttäuschungen blieben ihm dabei erspart. So zufrieden war er mit dem Erreichten, daß seine poetische Kraft, die die Sehnsucht bewegt hatte, darüber erlahmte, aber da es ihm nie als erstrebenswert gegolten hatte, sich als Lohn für „sauren Fleiß" im Kupferstich „bekucken" zu lassen, nahm er auch das mit Zufriedenheit hin. Seine Gedichte der nächsten Jahre besangen nun nicht mehr ersehntes Glück, sondern genossenes; dann war sein einziges Thema erschöpft. Den 1815 erschienenen *Neuesten Gedichten*, die durch den frühen

„O, wolan! so soll's uns ferner ziemen,
Deine Reitze, Vaterland, zu rühmen,
Wenn ein Undankbarer, dir nicht hold
Nur dem Ausland Lobgesänge zollt."
(Aus: „Der Sipunt bei Fahrland")

Tod seiner Frau ausgelöst worden waren, fehlte, wie seinen Ritter- und Schauerballaden, die naive Originalität seiner früheren Werke. Poeten, deren Ruhm kurzlebig war, hat es viele gegeben, kaum einen aber, der so wenig ruhmsüchtig war wie der weise Schmidt.

Als Zelter ihn 1821 in seiner Pfarre besuchte, schilderte er ihn Goethe als stattlich und rundlich, „mit einer Art Kohlhaupt, dem Augen und Mund eingeschnitten zu sein scheint". Was damit gemeint ist, zeigt ein anonymes Ölporträt Schmidts, das sich in Halberstadt im Gleim-Haus befindet. Über schwarzem Pastorengewand und Bäffchen sitzt ein dicker, fast runder Kopf mit fleischiger Nase und Doppelkinnansatz; die schmalen Augen blicken verschmitzt den Betrachter an. Das Lächeln, das den Mund breit macht, soll sicher Selbstgenügsamkeit ausdrücken, zeigt aber, vielleicht gegen den Willen des Malers, mehr Selbstbewußtheit mit Spuren von Eitelkeit. Wer seine Gedichte liebt, stellt ihn sich anders vor.

Daß er in den wenigen Jahren, in denen er in der Literatur präsent war, beim Lesepublikum ankam, ist anzunehmen. Dafür sprechen nicht nur die mehrfachen Auflagen, sondern auch die Zahl und die Bedeutung der Rezensenten; denn außer Goethe und Wieland gehörten auch Tieck und August Wilhelm Schlegel dazu. Der Außenseiter, so scheint es, befriedigte ein vorhandenes Lesebedürfnis, und die tonangebenden Literaten, mit Ausnahme Wielands, versuchten nachzuweisen, daß das mit unkünstlerischen Mitteln geschah. Daß Goethe, der außer der Parodie auch zwei *Xenien* gegen ihn richtete, ihn für unbedeutend und provinziell erklärte, hat seinem Ansehen sicher geschadet, ihm aber auch den kleinen Nachruhm gesichert, den er verdient. Denn ein Name, der in Goethes Gedichten und in den *Xenien* vorkommt, ist für die Literaturgeschichte nicht tot.

Die meisten Kritiker der Schmidtschen Gedichte nahmen die leichten Gebilde schwerer, als man sie nehmen sollte; sie legten

falsche Maßstäbe an. Schulmeister-
haft rügten sie, was sie lustig oder
rührend hätten finden sollen: die
Unbeholfenheit der Verse, die
ungewöhnliche Wortwahl, die Naivität der Gedanken und vor allem
die Gegenstände, die da besungen
wurden, die Enten und Spinnen,
Teiche und Disteln, die als unpoe-
tisch empfunden wurden. Das
Alltägliche, fand man, konnte kein
Gegenstand der Dichtung sein.

Zu den „Gemeinheiten", wie
Tieck das nannte, gehörten auch
die märkischen Wälder, Sandwege
und Sümpfe; denn diese schön und
poetisch zu finden, fiel sonst keinem ein. „Gewiß", heißt es in der
Jenaer *Allgemeinen Literaturzeitung*
vom 5. Dezember 1797, „wenn man
Sandgruppen so angenehm findet,
als fruchtbare Auen, ebenso gern
Unken rufen als Nachtigallen singen hört, eine Entenpfütze lieber
ansieht als den Rheinfall, ... so hat
man eine Zufriedenheit mit der
gemeinen Natur sehr wohlfeilen
Kaufs. Allerdings ... dürfte der
Landschaftsmaler, der bloß
Sümpfe, Heiden und Sandhügel

darstellen wollte, ebenso wenig
Liebhaber finden als ein Prediger
viele Zuhörer für seine noch so
erbaulichen Betrachtungen über
einen Besenstiel." Und Tieck, der
in ähnlichem Sinne argumentierte,
war der Meinung, daß Schmidt den
„Namen eines Dichters" nur verdiente und „in der Gesellschaft der
Musen gelitten" werden könnte,
wenn er es sich abgewöhnte, „alles
so durcheinander schön zu finden",
wie in dem Gedicht *Die Dorfkirche*,
das er als abschreckendes Beispiel
wählt:

„Wie schön die Fensterscheiben,
rund und düster!
Des Altars Decke, wo die Motte
kreucht!
Die schwarzen Spinngewebe, die
der Küster
Selbst mit dem längsten Kehrwisch
nicht erreicht!
Wie schön der Todtenkränze
Flittern,
Die hier gestäubt am kleinen Chore
zittern!"

Daß die Kritik immer wieder auf
die Gegenstände seiner Dichtungen

Wald, Wiese und Weide, Maus und
Mücke, Kalb und Kuh – alles
Ländliche ist des dichtenden Pastors
Glück.

zu sprechen kam, hatte Schmidt freilich auch selbst provoziert. Im Vorbericht zu den *Gedichten* von 1796 hatte er nämlich eine Art poetischen Programms verkündet, indem er bescheiden, wenn auch nicht ohne Stolz, behauptet hatte, daß durch ihn Neues in die Dichtung hineingekommen sei. „Der Leser verstehe mich recht, Diktion, Versbau, Bilderwahl u.s.w. in diesen Gedichten machen zwar nicht den geringsten Anspruch auf Neuheit, wohl aber die meisten Gegenstände, die ich poetisch zu bearbeiten versucht habe; und dies sind: simple, kunstlose Naturscenen. Unverschönerte, wilde, ländliche, gemeine Natur ist meine Göttin. Ich bin weit entfernt, mit irgend einem unserer Dichter von Werth mich messen zu wollen; aber *das* glaube ich mit Wahrheit behaupten zu können: daß selbst von schätzbaren Dichtern die Natur selten *wahr* kopirt worden sei. Man hat an ihrer Einfalt gekünstelt. Solche Verschönerungen wird man in diesen Blättern vermissen..."

Das war eine Herausforderung, die Dichterkollegen und Kritiker bereitwillig annahmen. Man nahm ihn beim Wort „Kopie", wies ihm (wie es hundert Jahre später die Naturalisten zu hören bekamen) Vorliebe für Häßliches nach (Tieck: „Schöne Natur scheint ihm ein Aberglaube zu sein.") – und übersah dabei völlig, daß die Gedichte den theoretischen Behauptungen des Verfassers gar nicht entsprachen. Da war doch nichts nur „kopirt", da war doch alles „verschönert" durch Liebe des Mannes vom Lande zum Land, des Natursüchtigen zur Natur, des Märkers zur Mark. Im Prinzip unterscheiden sich Schmidts Natur- und Genredarstellungen gar nicht von denen seiner berühmten Kollegen; hier wie dort dienten sie der Vermittlung von Stimmungen und Gefühlen. Daß damals, besonders von Tieck, nur „bloße Beschreibung", bei der „Nüchternheit die Seele ergreift", gesehen wurde, daß man „Herz" und „Gefühle" vermißte, wird heute nur noch verständlich, wenn man bedenkt, daß das Gewöhnliche des Lebens in

der damaligen Dichtung das Ungewöhnliche war. Den erhabenen
Gefühlen, die man in der Poesie zu
finden gewohnt war, entsprachen
die Alpen, der Rhein oder Italien.
An deren Stelle die Jungfernheide
oder die Gegend bei Potsdam zu
bieten, galt (wie August Wilhelm
Schlegel es ausdrücklich sagte) als
anti-poetisch.

Als der verständnisvollste Rezensent erwies sich der alte Wieland.
Er nahm Schmidt für das, was er
war: Ein selten vorkommendes
Naturtalent, das recht daran tat, die
Welt gerade so darzustellen, „wie
sie sich in seiner Seele abspie-
gelte", und das eigne kritische
Maßstäbe verdiente. „Wenn
Amseln oder Grasmücken in ihrer
Art lieblich singen, warum soll
ich mich verdrießen lassen, daß sie
keine Nachtigallen sind?"

Mehr oder weniger bewußt und
verdeckt lassen manche Kritiken
aber auch anklingen, wo der wirk-
liche Grund für die mangelnde
Größe dieser Dichtungen liegt:
In ihrer geistigen Begrenztheit
nämlich, die bedingt ist durch den
engen Horizont des Verfassers. Daß
Goethes Parodie sich auf diesen
Punkt konzentriert, macht sie als
Kunsturteil aussagekräftiger als
viele Auslassungen der Kritiker.
Wenn auch die Arroganz des gebil-
deten Städters und weitgereisten
Hofmannes, dem Einfachheit
dumm, Natürlichkeit barbarisch
erscheint, besonders den Liebhaber
der „wilden" Natur der Mark stört,
so ist doch nicht zu leugnen,
daß Schmidts belächelnswerte
Beschränktheit köstlich getroffen
ist:

„Ob es kräftig oder zierlich
Geht uns so genau nicht an:
Wir sind bieder und natürlich
Und das ist genug getan."

Bei aller Treffsicherheit und
Schärfe des Urteils enthält Goethes
Parodie, unter charakterisierender
Nachahmung versteckt, auch Aner-
kennung für den Parodierten, der
doch die Bausteine geliefert und
damit einen Beitrag zum Gelingen
geleistet hat. Sich zum Parodieren
durch einen Größeren zu eignen,
ist gewissermaßen auch ein Ver-

„Schon kranckt dein Geist; genesen
  kann er nur
Weit, weit entfernt von Fasching, Ball
  und Bühne.
Komm, rette dich in meinen Arm und
  sühne
Dich wieder aus mit Einfalt und
  Natur."
(Aus: „Der Meierhof")

dienst. Denn Farblosigkeit läßt sich nicht parodieren. Die Parodie braucht als Vorlage kräftige Eigenart, die sie dem Original dann durch ihre Güte bescheinigt. Etwas vom Geltenlassen des Grasmückengesangs schwingt deshalb auch bei Goethe mit. Daß er sich dessen bewußt war, zeigt eine Notiz, die sich in seinem Nachlaß fand: „Schmidt von Werneuchen ist der wahre Charakter der Natürlichkeit. Jedermann hat sich über ihn lustig gemacht, und das mit Recht; und doch hätte man sich über ihn nicht lustig machen können, wenn er nicht als Poet wirkliches Verdienst hätte, das wir an ihm zu ehren haben."

War das Preisen der märkischen Natur bei Schmidt auch neu, so überhaupt nicht das der ländlichen Glückseligkeit.

„Hier merk' ich, daß die Ruh' in schlechten Hütten wohnet,
Wenn Unglück und Verdruß nicht der Päläste schonet;
Daß es viel besser ist, bey Kohl und Rüben stehn,

Als in dem Labyrinth des Hofes irre gehn."

So sehr diese Verse sich auch nach Schmidt von Werneuchen anhören: Gedichtet hat nicht er sie, sondern der Frühaufklärer Friedrich von Canitz aus Blumberg bei Berlin hundert Jahre vor Schmidt, und sie stehen nur hier, um zu zeigen, wie alt das Motiv schon war, das der Werneuchener Prediger immer wieder variierte. Das ganze 18. Jahrhundert hindurch war es oft bemüht worden. Albrecht von Hallers *Die Alpen* (1792) lebten von ihm genauso wie Salomon Geßners *Idyllen* (1756). Es wurde durch den Einfluß Rousseaus verstärkt, klang in Goethes *Werther* an (wo der Held als Gesandtschaftssekretär „manche Stunde in ländlichen Scenen von ungemischter Glückseligkeit" verträumte), und es war auch in Voltaires *Candide* da, wenn der Titelheld am Schluß endlich Ruhe fand, indem er seinen Garten bebaute. Aus dem unmoralischen Hofleben in die Zufriedenheit schenkende Ländlichkeit flüchteten auch die Helden aus Maximilian Klingers Schauspiel *Das leidende Weib*, und zwar unter dem modern klingenden Motto: „Wir leben uns selbst." In den Romanen war die Suche nach ländlichem Glück so verbreitet, daß ein Rezensent in Nicolais Zeitschrift *Allgemeine Deutsche Bibliothek* 1770 folgenden Wunsch vorbrachte: „Die Neigung zur Landwirtschaft verbreitet sich in unserm ökonomischen Jahrhundert auch allmählig auf die Romanschreiber. Wenn sie doch den heilsamen Entschluß faßten, ihr Handwerk aufzugeben und selbst Landwirte zu werden!"

Diese bürgerliche Land-Schwärmerei hatte von Anfang an einen antihöfischen, antifeudalen Zug und unterschied sich dadurch von den Schäferspielen des Adels. Die ersehnte Flucht (die in der Realität selten ausgeführt wurde: Schmidt von Werneuchen ist da eine rühmliche Ausnahme!) war mehr eine vom Hofe als aus der Stadt. Sie war Ausdruck eines Protestes, der durch Rousseau dann teilweise

zivilisationsfeindlich wurde, immer aber feudalfeindlich blieb. Der Tugendhafte, der tugendhaft bleiben wollte, mußte den Hof und die Residenzstadt fliehen, weil dort Korruption und Lasterhaftigkeit herrschten. Menschlichkeit und Sittlichkeit, die er suchte, fand er in einer Traum-Ländlichkeit – die traumhaft immer bleiben mußte, sollte sie ihre Aufgabe erfüllen: lichter Gegensatz zum dunklen Hofleben zu sein. Realistische Darstellung der wahren Zustände auf dem Lande hätte die Idealität, die man in diesem Zusammenhang brauchte, zerstört. Sprachlich dokumentierte sich das unter anderem darin, daß man selten den Begriff Bauer benutzte, fast nur vom Landmann und vom Landleben sprach, sozial also unkonkret blieb und damit die Assoziierung von harter Arbeit, Armut und Unterdrückung weitgehend vermied. Das armseligste Leben eines Fronbauern paßte unter solche Begriffe so gut wie das vergleichsweise privilegierte eines Landpfarrers.

74

„O! keinen Rheinfall, keine Kokosinsel
Kein Lavathal und keinen Palmenhain,
Nur *diese* Wunder würd' ich
   konterfeir'n,
Hätt' einen Tag ich einen Meister-
   pinsel"
(Aus: „Die Gegend bei Potsdam")

Obgleich Schmidt von Werneuchen nur seiner individuellen,
tiefempfundenen Land-Sehnsucht
Ausdruck gab und sich der Tradi-
tion, in der er stand, kaum bewußt
war, sind deren Spuren in seinen
Gedichten doch sichtbar. Kritik,
wenn sie überhaupt direkt vorkommt, ist immer Kritik an der
Stadt, die als Residenzstadt deutlich wird: Schlösser und Parks,
Orden und Bänder, Luxus und
Prunk werden als finsterer Hintergrund herbeizitiert, um auf ihm die
Reinheit des Landlebens leuchten
zu lassen – die von keinem Schatten getrübt wird, selbst von dem
schwerer Arbeit nicht, weil die ihre
Schwere verliert durch die Freude,
mit der man sie leistet.

Die Neuheiten, die Schmidt,
nach eigener Aussage, in die Dichtung einbrachte, waren tatsächlich
nur die Gegenstände, nicht aber
die Idyllen, zu denen er sie grup-
pierte. Als Dichter ländlicher
Idyllen stand er nicht nur am Ende
einer langen Reihe von Vorgän-
gern, er hinkte diesen sogar hinter-
her. Denn in dem Jahrzehnt, in

Nahe von Kirche und Pfarrhaus, wo
Schmidt von Werneuchen sein seliges
Landleben genoß und bedichtete,
liegt er auch begraben. Zumindest in
seinem Städtchen, das heute nicht
mehr viel Ländliches hat, vergaß man
ihn nie.

dem seine Gedichte entstanden, lag schon eine Idyllendichtung vor, die die reine Idealisierung des Landlebens überwunden hatte: die Prosa-Idyllen Jean Pauls *(Schulmeisterlein Wutz, Quintus Fixlein, Der Jubelsenior)*, die keine mehr waren, weil das Glück in ihnen mühsam dem Schmerz abgerungen war, und die realistischen Idyllen von Johann Heinrich Voß, der der Darstellung von Leibeigenschaft und Fronarbeit nicht mehr aus dem Wege ging.

Voß hatte, etwa zehn Jahre vor Schmidt, auch Verse geschrieben wie diese:

„Ihr armen Städter trauert
Und kränkelt in der Stadt,
Die euch wie eingemauert
In dumpfe Kerker hat.
O wollt Ihr Freude schauen,
so wandelt Hand in Hand
Ihr Männer und ihr Frauen,
Und kommt zu uns aufs Land!"

Schmidt hatte davon nicht nur gelernt: Er hatte das auch origineller zu machen verstanden, kam aber über die Stadt-Land-Problematik selten hinaus, während Voß sich von ihr löste und tiefer in die Wirklichkeit des Landlebens eindrang. Unmittelbarkeit und lebendige Frische hatte Schmidt dem etwas trockenen Voß voraus; in der schönen Konkretheit des Details konnte er sich mit ihm messen; daß aber trotzdem auch Schmidts schönste Gedichte über Fahrland und Döberitz an die *Luise* von Voß (die in einem Ort namens Grünau spielt) nicht heranreichen, liegt daran, daß dem Werneuchener die Weite des Blickfeldes und die Gedankentiefe fehlen. Daran hat wohl auch Goethe gedacht, als er die treffende, auf Schmidt gemünzte *Xenie* schrieb:

„Das Dorf Döbritz

In *der* Art versprechen wir euch die sämtlichen Dörfer Deutschlands, aber es wird dennoch kein Grünau daraus."

Daß die Literaturwissenschaft Schmidt von Werneuchen kaum zur Kenntnis nahm, hat vielleicht mit Goethes Spöttereien zu tun. Andere haben sich davon nicht abschrecken lassen. Jacob Grimm hat Schmidt geschätzt und in seinem großen Wörterbuch oft zitiert. Theodor Storm hat Gedichte von ihm in sein *Hausbuch aus deutschen Dichtern* aufgenommen. Fontane hat sich mehrfach verständnisvoll über ihn geäußert. Und viermal sind seit Schmidts Tod Gedichtsammlungen von ihm erschienen. Die letzte ist die umfangreichste von ihnen, so daß man ein Anwachsen des Verständnisses für ihn annehmen kann.

Das hängt sicher nicht nur mit der Neuentdeckung der Mark Brandenburg zusammen, sondern auch mit der Unmenschlichkeit großer Städte, deren Naturferne Fluchtträume fördert, die selten zu realisieren sind. Aber für Menschen, die Grund haben, sich vor den Folgen des technischen Fortschritts zu fürchten, hat solch ein Traum, ist er nur schön und genau, seelischen Wert in sich selbst. Schmidts heitere und heile Landwelt paßt prächtig in diese Träume. Mit seiner in Reime gebrachten Sehnsucht ist Identifizierung möglich, ohne ihn und sich selbst sonderlich ernst zu nehmen; denn das Gefühl, daß hier einer sich selbst parodiert, löst die durch ihn freigesetzte Sentimentalität in Heiterkeit auf. Schmidts Land-Paradies gibt es nicht und hat es auch zu seiner Zeit nicht gegeben, aber es gab und gibt die Land-Sehnsucht, die sich heute keiner so unbefangen, unproblematisch und unvollkommen auszusprechen erlaubt wie er.

Genießen kann freilich diese Verse nicht jeder. Sinn für den Reiz von Naivität muß man schon haben. Man muß sich nicht nur über den gewollten Frohsinn dieser Gedichte, sondern auch über den unfreiwilligen Humor freuen können. Die besten Beispiele dafür bietet die *Bauernhochzeit*, wo der Braut nicht nur vor Sehnsucht nach gebackenen Pflaumen beide Daumen glänzen, sondern ihr auch die Stirn „von nicht gesparter Seife" blinkt. Auch an seltsamen Wortbildungen (wie Kneller, der sich auf Teller, oder wie quäckern, das sich auf meckern reimen muß) kann man sich freuen ohne Gewissensbisse. Denn das Lachen über diese Gedichte beschädigt sie nicht.

Wer aber ein schlichtes Gemüt nur verachten kann, Unbeholfenheit, auch so origineller Art, nicht verträgt oder, wie Schmidts Zeitgenossen, märkischen Sand für literaturunwürdig hält, der bleibt dem Werneuchener Pfarr- und Dichterhaus besser fern. Besucher, die nicht aus Neigung, sondern aus Neugier zu ihm kamen, waren dem Pfarrer (der übrigens nie religiöse Gedichte gemacht hat), wie seine *Bitte an das Glück* zeigt, ein Greuel.

„Uns gewähr' in unserm Sorgenfrei
Eine nur, nur Eine fromme Bitte:
Neugier drängt und ach! Empfindelei
Aus der Stadt, zu rühmen Flur und Hütte.

Send', o Göttin, naht ein solcher Schwall,
Uns zum Schutze Regen her in Bächen!
Thürm' ein Wetter auf mit Blitz und Knall,
Oder laß ein Wagenrad zerbrechen!"

Kommt man heute an sein Grab in Werneuchen, liegen dort manchmal Blumen. Die bescheidenen Sträuße scheinen die passendsten für ihn zu sein.

DER ROMANTIKER
IM HAVELLAND

Die weiße Rose
Im Sommer 1829 besucht die
russische Zarin Alexandra Feodo-
rowna, die vor ihrer Heirat Charlotte hieß, ihren Vater, den preußischen König Friedrich Wilhelm III.,
in Berlin. Ihr zu Ehren wird am
13. Juli, ihrem Geburtstag, im
Neuen Palais in Potsdam ein auf-
wendiges Hoffest gefeiert, das den
romantischen Namen „Zauber der
weißen Rose" trägt. Alles, was
in Berlin, Potsdam und Umgebung
Rang und Namen hat, ist mitwir-
kend oder zuschauend daran beteiligt. Das Hofgelände zwischen dem
Palais und den Communs ist zu
einem mittelalterlichen Turnier-
platz umgestaltet worden,
geschmückt mit Fahnen und Stan-
darten, die das Symbol des Festes,
die weiße Rose, zeigen. Die Freitreppen der Communs sind die
Tribünen. Mitglieder der besseren
Gesellschaft haben hierfür
Eintrittskarten kaufen können. Die
gegenüberliegenden zeltüberdach-
ten Treppen des Palais sind für die
königliche Familie und den Hof
bestimmt. In der Mitte sitzt, unter

golddurchwirktem Baldachin, neben ihrem königlichen Vater die Herrin des Festes, die seit ihrer Kindheit in der Familie Blancheflour, die weiße Rose, heißt.

Drei ritterlich kostümierte Herolde eröffnen das Spektakel. In den ersten der vielen noch folgenden schlechten Verse, die Herzog Karl von Mecklenburg, Bruder der verstorbenen Königin Luise, also Onkel der Zarin, verfertigt hat, bitten sie ihre Kaiserliche Hoheit um die Erlaubnis zum Beginn des Turniers. Unter Trompetenschall reiten die ritterspielenden Aristokraten, ganz echt mit Rüstung und Helm verkleidet, mit Schwert, Schild und Lanze bewehrt, in die Arena, allen voran der Kronprinz, der spätere König Friedrich Wilhelm IV. – den neunzehn Jahre danach seine Untertanen mit einer Revolution überraschen werden. Nach dem Reiten des Carroussels beginnen die Kampfspiele. Man sticht mit Lanzen nach blumenumkränzten Scheiben, wirft den Spieß, schlägt mit dem Säbel wächserne Mohrenköpfe entzwei und reitet auch, die

blanke Klinge schwingend, aufeinander zu, ohne sich weh zu tun. Dann sucht jeder Ritter seine zeitgerecht verkleidete Dame, man formiert sich zu einem farbenprächtigen Zug und verschwindet im Schloß. Das große Publikum kann nach Hause gehen. Wer aber zum Hof und zu dessen engerer Umgebung gehört, hat erst ein Drittel des Festes hinter sich. Das Ganze dauert zwölf Stunden.

Schauplatz des zweiten Teils ist das reizende kleine Theater, in dem man der Fülle wegen sehr schwitzt und sich der Fadheit des Gebotenen wegen langweilt. Die von Schauspielern gestellten lebenden Bilder allegorischen Inhalts nehmen kein Ende. Schuld daran ist weniger Schinkel, der sie entwarf, als der mecklenburgische Herzog, dem die Verse, die zum Auftreten all der Musen, Genien, Feen und Heroen gesprochen werden, überlang geraten sind. Zur Erholung folgt ein Souper. Dann geht es in langen Reihen durch die Gänge des Schlosses in den Grottensaal, wo es trotz der tausend Kerzen, die

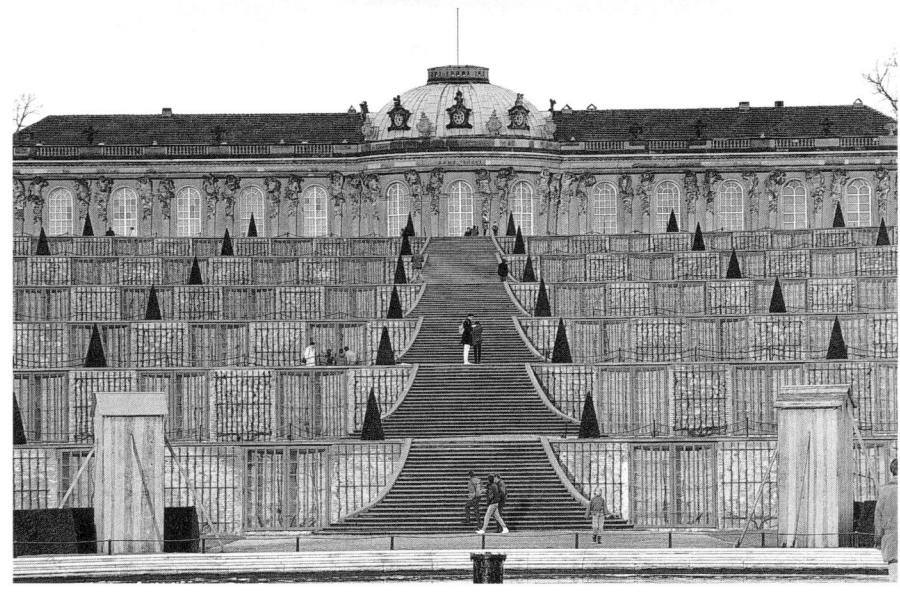

In seinem Lieblingsschloß Sanssouci
ist Friedrich der Große 1786 gestorben.
Die Aufbahrung des Toten im
Potsdamer Stadtschloß hat Fouqué als
Neunjähriger erlebt und nie vergessen.
Noch im Alter berichtet er voll
Rührung davon.

ihn beleuchten, angenehm kühl ist. Nach einem Ballett folgt der Ball, zu dessen Schlußphase die Verteilung der Kampfpreise gehört. Die Zarin überreicht sie den vor ihr knienden Rittern. Wer keine goldene Kette, keinen Pokal, keinen türkischen Säbel bekommt, erhält als Belohnung für die Mitwirkung eine Rose aus Silber, mit weißer Schleife verziert. Die aber wird auch einem verliehen, der gar nicht mitgewirkt hat, weil er nicht mehr jung und gesund genug dazu ist, der aber mit kindlichem Ernst an diesen Vergangenheitsspielen hängt, ein Mann von kleiner Statur, mit rundem Kopf und kurzem Hals, durch den er fast wie bucklig wirkt, nicht schön also, doch mit klangvollem Namen: Friedrich Baron de la Motte Fouqué.

Den bewegt die Aufmerksamkeit, die man ihm erweist, so sehr, daß er einige Tage danach einen Zyklus von zehn Gedichten schreibt, der das Fest besingt. Die „Ostland-Herrin" wird darin als „Rosen-Fee" gerühmt und edler Rittersinn beschworen. Der Grottensaal erin-

nert ihn der Muscheln, Korallen und Kristalle wegen an Undine, und wenn er reimend die Preisverleihung beschreibt, enthüllt er auch, warum er selbst dabei nicht leer ausging:

„Hoher Sinn ehrt edles Streben,
ob nicht vom Erfolg gekrönt.
All der Kämpfer künftig Leben
wird vom Rosen-Licht verschönt.

So erging es auch dem Sänger,
jetzt gehemmt vom Krankheits-Bann,
der im Krieg nun ach! nicht länger
leistet, was er kühn begann.

Weil er in prophet'scher Ahnung
früh von Blancheflour einst sang,
giebt als Sangs- und Kampfes-Mahnung
sie auch ihm den Rosen-Dank."

In seiner elf Jahre später geschriebenen Autobiographie weist er dann für alle, die nicht wissen, daß Blancheflour eine der Hauptpersonen seines erfolgreichsten Romans gewesen ist, ausdrücklich auf den *Zauberring* hin, in dessen Rittergeist das Fest gefeiert worden war.

Hochfeierlich, schreibt er, sei ihm bei der huldreichen Ehrung zumute gewesen, aber er gesteht sich nicht ein, daß es traurig ist, einer Ehrung von ganz oben zu bedürfen. Neben anderem aus dieser Zeit bleibt auch der Gedichtzyklus lange ungedruckt. In der Handschriftenabteilung der Staatsbibliothek in Berlin kann man das steil und regelmäßig geschriebene Manuskript noch heute bewundern.

Nach diesem Ehrentag wird Fouqué noch dreizehn Jahre leben und schreiben, für die deutsche Literatur aber ist er eigentlich schon tot. Kaum ein Verleger will den ehemals populären Autor noch drucken, weil kaum ein Leser sich mehr für ihn interessiert.

Leben an der Havel

Die aus Mecklenburg kommende Havel, die zwischen Spandau und Potsdam ihren Lauf nach Westen nimmt, um hinter Brandenburg wieder nach Norden zu fließen, schließt von drei Seiten die als Havelland bezeichnete Landschaft ein. Hier ist Fouqué geboren, hier hat er den weitaus größten Teil seines Lebens verbracht.

Sein Geburtshaus stand nicht nur an, es stand inmitten der Havel, auf der Dominsel von Brandenburg nämlich. Im Mittelalter hatten hier die Bischöfe residiert. Nach der Reformation war der Bischofssitz in ein Domherrenstift umgewandelt worden, dem man später ein Erziehungsinstitut für junge märkische Adlige, die sogenannte Ritterakademie, angeschlossen hatte. Als oberster Domherr (Probst) hatte Fouqués Großvater, ein General Friedrichs II., der dem König auch persönlich nahegestanden hatte, hier seine letzten Lebensjahre verbracht und so viel Geld gespart, daß sich nach seinem Tode der Sohn, des Dichters Vater, der seine Offizierslaufbahn krankheitshalber hatte abbrechen müssen, ein Gut kaufen konnte. 1780, in Fouqués drittem Lebensjahr, zog die Familie dorthin um, nach Sacrow an der Havel, nicht weit von Potsdam, der Pfaueninsel gegenüber. Doch trotz der Schönheit der Halbinsellage,

Das Geburtshaus Fouqués steht auf der
Dominsel in Brandenburg, wo sein
Großvater, der General Friedrichs des
Großen, Domherr war.

Sieben Kinderjahre verbrachte Fouqué
in Sacrow an der Havel, der Pfaueninsel gegenüber. Die basilikaähnliche
Heilandskirche mit dem abseits
stehenden Glockenturm, die Ludwig
Persius nach einer Skizze Friedrich
Wilhelms IV. schuf, wurde erst 1844
gebaut.

des Herrenhauses und des großen Parks blieb man nicht lange dort, weil man über seine Verhältnisse lebte; die sandigen Äcker brachten zu wenig Ertrag. 1787 wurde das Gut wieder verkauft und ein anderes erstanden: Lentzke im Havelland, westlich von Fehrbellin. Dort lebte man in wirklicher Ländlichkeit. Die Residenzstädte waren weit, die Wege schlecht, Haus und Park, verglichen mit der Sacrower Pracht, bescheiden. Statt der breiten Havelseen gab es nur ein winziges Flüßchen, den Rhin, statt der Nachbarschaft von Schlössern und Gärten nur endllose Wiesen und Äcker. Von Winteraufenthalten in Berlin oder Potsdam abgesehen, lebte Fouqué hier bis in sein siebzehntes Jahr. Dann wählte er den Beruf, den er nicht lange ausüben, dem er aber geistig sein Leben lang treu bleiben sollte: den des Offiziers.

Große Karriere machte er nicht. 1794 trat er als Kornett (Fähnrich) in ein Kürassierregiment ein, machte die letzten Feldzüge des Koalitionskrieges gegen die Französische Republik mit, lag jahrelang in Aschersleben und Bückeburg in Garnison, nahm 1802 als Leutnant seinen Abschied und kehrte ins Havelland zurück – nach Nennhausen, östlich von Rathenow. Denn Gut Lentzke, das nach dem Tod der Eltern sein Eigentum geworden war, gehörte ihm schon nicht mehr. In Bückeburg hatte der Einundzwanzigjährige geheiratet, bei der Scheidung, vier Jahre später, alle Schuld auf sich genommen und Geld und Gut der Frau überlassen. Als mittelloser Leutnant a. D. und angehender Dichter zog er im Dezember 1802 auf Schloß Nennhausen ein. Vier Wochen später war er der Schwiegersohn des Gutsbesitzers, des alten Herrn von Briest, der das seit hundert Jahren im Besitz der Familie befindliche Gut wirtschaftlich hochgebracht und durch einen ausgedehnten Park verschönt hatte.

Die Haustochter und Erbin Karoline, geborene von Briest, verwitwete von Rochow, nun Baronin de la Motte Fouqué, war drei Jahre älter als ihr Mann, eine große,

Im Schloß Nennhausen, einer
ursprünglich barocken Anlage, die
1860 im Tudor-Stil umgebaut wurde
und 1983 ausbrannte, sind fast
alle Werke Fouqués entstanden. Viele
Größen der Berliner Romantik
waren hier zu Gast.

zur Fülle neigende Schönheit, in Berlin und Potsdam als Lebedame bekannt, später als produktive Romanschriftstellerin berühmt. („Sie ist als Hausfrau besser, als sich literarisch drucken lassend", heißt es in einem Brief von E.T.A. Hoffmann.) Sie brachte drei Kinder mit in die Ehe, in deren erstem Jahr noch ein viertes, Fouqués Tochter Marie, hinzukam. Varnhagen schildert sie als herrschsüchtig und eitel, und Arno Schmidt weist nach, daß sie Fouqué, der sie demütig liebte, nicht nur betrog, sondern auch bevormundete und ihn seine finanzielle Abhängigkeit immer spüren ließ. Er hat es aber bis zu ihrem Tode an ihrer Seite ausgehalten, auf diese Weise niemals wirtschaftliche Not erlebt und (da er sich um das Gut, von dem er lebte, nicht zu kümmern brauchte) Zeit gehabt zum Träumen und zum Dichten. In Nennhausen ist, bis auf wenige Ausnahmen, sein dichterisches Werk entstanden, und Schloß und Park wurden durch ihn zu einem Treffpunkt der literarischen Welt.

Erinnerungen an diese Glanzzeit im heutigen Nennhausen zu finden, ist schwierig. Dem Schloß, einer ursprünglich barocken Dreiflügelanlage, war irgendwann ein Flügel verlorengegangen; der Rest war 1860 in gotisierendem Tudorstil umgebaut worden, hatte nach 1945 das Standesamt, den Kindergarten, die Schule beherbergen müssen und war schließlich, 1983, durch Fahrlässigkeit ausgebrannt. Da auch der Park hinter der notdürftig überdachten Schloßhülle in DDR-Zeiten teils zerstört wurde, teils verwilderte, schließt man am besten die Augen, wenn man sich vorstellen will, wie es war, als August Wilhelm Schlegel, Varnhagen von Ense, Chamisso, E.T.A. Hoffmann, Heinrich von Kleist oder Wilhelm von Humboldt das gastliche Haus besuchten, man sich vorlas, musizierte, auf der Terrasse Gespräche führte oder weite Parkspaziergänge machte, bis hin zum Gräninger See. Aus Briestscher Zeit gibt es im Park noch ein Denkmal, das Karolines Vater einem frühverstorbenen Bruder hat setzen lassen und dessen Rückseite die (Fouquéschen?) Verse zieren:

„Hier sahe Briest der Schöpfung Pracht.
Nie wird er sie hier wieder sehen.
Doch wenn er einst von langem Schlaf erwacht,
Sieht er sie neu und unvergänglich schön."

Um noch eine Spur Foqués zu finden, muß man in die Nennhausener Dorfkirche gehen. Dort hat er, als Major der Freiwilligen Jäger aus den Befreiungskriegen heimgekehrt, seinen Reiterdegen aufgehängt und mit der für ihn bezeichnenden Inschrift versehen: „Dieses Schwerdt hat Friedrich Baron de la Motte Fouqué im Jahre 1813 zur Vertheidigung des Vaterlandes ehrlich geführt und es zu Gottes Lob und Preis für den Sieg der gerechten Sache hierher geweihet am 13. Januar 1814."

Als Fouqué 1833 das Havelland für immer verließ, hatte er fast fünfzig Jahre in ihm gelebt, dreißig davon schreibend; in seinen Werken aber war es so gut wie nicht erschienen. Das Havelland war die Wirklichkeit. Aus ihr aber war Fouqués Dichtung nicht gemacht.

Der treue Ritter

Fouqués Zeitgenossen sind sich in der Beurteilung seiner Aufrichtigkeit einig. Auch wer sein Denken und Dichten kritisiert oder verspottet, nennt ihn redlich, brav, anständig, bieder und rechtschaffen, und selbst im Alter, als keiner der Freunde mehr denkt wie er, zollt man seiner Kompromißlosigkeit Achtung. Während die Welt sich ändert, bleibt Fouqué, wie er war. Auf seine Rückständigkeit ist Verlaß. Indem er sich neuen Erkenntnissen verweigert, bleibt er sich selber treu.

Der Zeit gemäß denkt er nie, da er sie, so wie sie ist, nicht zur Kenntnis nimmt. Schon das Kind wächst in eine Welt hinein, die eine vergangene nicht genannt werden kann, weil es sie so, wie er sie sieht, nie gab. Es ist eine Feudalwelt, gewiß, aber eine erträumte. Nicht eigentlich der Adel herrscht in ihr, sondern die adlige Tugend, die

Fouqués Reiterdegen, den er nach den
Befreiungskriegen neben den Altar der
Nennhausener Dorfkirche gehängt
hatte, wurde nach 1945 in eine Nische
verbannt.

Fouqué immer wieder Ritterlichkeit nennt. Aufgefordert, diese zu
definieren, spricht er von „einem
zarten Wesen, fast ebenso zart wie
die jungfräuliche Unschuld", die
„gleich ihr, nicht sowohl definiert
sein will als vielmehr dargestellt
und in ihrer Reinheit behütet".

Er weiß also keine Definition,
weiß nur, daß man fühlen muß,
was er erjagen will, hält überhaupt
von Gefühlen mehr als von Verstand und Wissen, weiß auch von
Geschichte wenig, obwohl er
ständig über sie schreibt, und von
der Wirklichkeit will er als Dichter
nichts wissen. Die Ritter seiner
Kindheitsträume begleiten sein
kindliches Gemüt durch das ganze
Leben und sind in den Gedichten,
Dramen, Romanen, Erzählungen,
Autobiographien, Aufsätzen und
Briefen gegenwärtiger als das, was
ihn an Gegenwärtigem umgibt. Sie,
die kraftstrotzenden, edlen Recken,
haben die Ritterlichkeit, die er
meint.

Nicht weniger lebhaft als mit
Siegfried, Roland, Hermann und
anderen Heroen lebt der Knabe,
und später der Mann, mit der
Vergangenheit der eignen Familie,
die sich bis in die Normandie des
13. Jahrhunderts zurückverfolgen
läßt. Seine Religion, an der er
eisern festhält, ist die, um derent-
willen seine Vorfahren Frankreich
verlassen mußten. Die Armee, in
die er eintritt, ist die, in der sein
Großvater General war. Die von ihm
verehrten preußischen Herrscher
haben seinen Vorfahren Asyl gewährt. Der große Friedrich, dessen
Leiche der Knabe mit ehrfürchti-
gem Schauder besichtigen konnte,
war mit dem Großvater befreundet
gewesen. Auch der neue König hat
die Fouqués nicht vergessen. Sie
werden zu Hoffesten geladen. In
Sacrow werden sie von der königlichen Familie besucht. Der Knabe
spielt mit den Prinzen, dem
Kronprinzen. Sein Leben lang wird
Treue gegenüber dem König für ihn
das Selbstverständlichste sein. Den
geheimen antifranzösischen Ver-
bindungen vor 1813 wird er sich,
trotz patriotischer Begeisterung,
erst anschließen, wenn er der Billi-
gung des Königs sicher sein kann.

Als Ludwig Hülsen, ein Fichte-Schüler, in Lentzke sein Hauslehrer wird, lernt er zwar viel von ihm, ist aber in seinen Adelsvorstellungen schon so gefestigt, daß es, trotz persönlicher Sympathie, zu Zerwürfnissen kommt. Einen Mann, den die alten Burgen an „Zwingherrn" und „Tyrannen" erinnern, kann Fouqué nicht verstehen. Er verabscheut die Vernunftsphilosophie des 18. Jahrhunderts, liebt die Mystik Jakob Böhmes und läßt keinen Einbruch von Realität in seinen phantastischen Konservatismus zu.

Da der Glanz seines Rittertraums ihm auch die Gegenwart vergoldet, kann er Militär und Krieg nur idealisierend sehen. Von dem vielfach bezeugten moralischen Tiefstand des preußischen Offizierskorps vor 1806 ist bei ihm nichts zu spüren, wenn er, in *Abfall und Buße* zum Beispiel, über die Zeit seines Garnisonslebens schreibt. Er formt das ganze Heer nach seinem Bilde, so daß es nur anständige, weichherzige, poetische, „dem edlen Frauendienst sittig ergebene" Offiziere

gibt. Wenn aber dann gar sein König 1813 das Volk zu den Waffen ruft und Fouqué ihm die havelländischen Freiwilligen zuführt, hat der auf der Höhe seines Ruhms stehende Dichter-Offizier vollends das Gefühl, daß Rittertraum und Wirklichkeit eins sind; dann wird er selbst zu einer der Gestalten des *Zauberrings*.

Mehr der Idee von Ritterlichkeit als der französischen Herkunft ist es wohl zu verdanken, daß sein preußisch-deutscher Patriotismus frei von dem widerlichen Franzosenhaß ist, der die meisten Dichtungen der Befreiungskriege so unausstehlich macht. „Der echte Soldat hat für würdige Gegner einen unparteiischen, ja wahrhaft liebenden Sinn", heißt es in einer Erzählung bezeichnenderweise, und ein Satz wie dieser läßt ahnen, daß dem Ritter Fouqué der Krieg nicht Mittel zum Zweck ist, sondern Zweck selbst. Die Unzahl von Kämpfen, die in seinen Büchern stattfinden, Einzelgefechte meist, werden vorwiegend der Ehre wegen geführt, und in den

Schlachten kämpft selten Gut gegen Böse, sondern meist ein würdiger (das heißt seinem Herrscher ergebener) Haufe gegen den anderen würdigen, der auch lächelnd und christlich getröstet zu sterben versteht.

Fouqués Kriegsbegeisterung, die ihn Schlachtfelder nur schön und erhaben sehen läßt, gründet in seiner Auffassung vom Adel als der Kriegerkaste der Nation. Die wirtschaftlichen Grundlagen der Feudalordnung interessieren ihn nicht. Obwohl er fast immer von adligem Großgrundbesitz lebt, hat er mit dessen Wirtschaft und Verwaltung nie etwas zu tun. Wenn in seinen Werken das Verhältnis von Großgrundbesitzer und abhängigen Bauern überhaupt erscheint, dann nur als eins patriarchalischer Harmonie: Ritterlichkeit erfordert auch, den Leuten ein guter Beschützer und väterlicher Ratgeber zu sein. Wenn beide Seiten ihre Pflicht tun, denkt er, können nur beide gewinnen; denn die friedliche Arbeit des Landmannes wird beschützt von der Herrschaft, die

die kriegerische erledigt. Die dem Adligen durch die Arbeit anderer geschaffene Muße muß er dazu benutzen, „die edle Kunst der Waffen zu üben und zu ergründen" und „in die Gesinnungen der Ehre und des freudigen Mutes von Jugend an durch Gespräch, Erzählung und Anschauen eingeweiht" zu werden, schreibt Fouqué nach 1815, als er seinen Konservatismus auch gegen die Freunde verteidigen muß. Nicht abgeschafft müssen die Adelsvorrechte werden, sondern erneuert durch Ritterlichkeit. Nur wer diese nicht hat, also Kriegsdienst verweigert, sollte der Vorrechte verlustig gehen.

Das einzige Zugeständnis, das er dem 19. Jahrhundert machte, war, die Unzeitgemäßheit der Ritterburgen zuzugeben. Ein Edler aber mußte sich in sie und ihre Zeit zurückträumen können. Er mußte also so sein, wie der Dichter der *Undine* sich selber sieht:

„Und fragt dann eine wohl nach mir,
So sprich: Er ist ein treuer Ritter,

Und dient den Fraun mit Schwert
und Zither
Bei Tanz und Mahl, Schlacht und
Turnier."

Auch ohne Rosinante und Sancho
Pansa ähnelt der Baron aus der
Mark doch sehr dem Hidalgo aus
der Mancha – den er übrigens
gekannt, geliebt und mißverstan-
den hat. Einen fünfzehnseitigen
Artikel hat er über ihn geschrieben,
ohne seine eigne Problematik zu
erkennen. Denn Don Quijote, so
meint er, suchte ja die „irrende
Ritterschaft", er dagegen die fest
in den Staat integrierte.

Kuß der Poesie
Wenn auch nur Grillparzer (in seiner Selbstbiographie) so weit geht,
zu behaupten, „daß ein großer Teil
der Nation ihn [Fouqué] dem Alt-
meister Goethe an die Seite setzte",
so ist doch sicher richtig, daß etwa
zwischen 1810 und 1815 Fouqué
eine große Rolle im literarischen
Leben Deutschlands spielte.
Als Herausgeber von Anthologien,
Jahrbüchern, Zeitschriften, als

hilfsbereiter Förderer anderer
Autoren, als Briefschreiber und
Übersetzer war er außerordentlich
rege, vor allem aber waren seine
Romane und Erzählungen sehr
beliebt. Schnell war er, durch
August Wilhelm Schlegel angeregt
und gefördert, bekannt geworden;
schnell schrieb er seine Versdich-
tungen, Dramen, Erzählungen und
Romane, die schnell gelesen werden konnten. Genauso schnell aber
waren sie auch wieder vergessen.
Er war ein zweitrangiger Autor, der
durch die Zeitströmung, der er
entsprach, zeitweilig wie ein erst-
rangiger erscheinen konnte. Man
brauchte Helden, und man fand sie
bei ihm. Als man sie nicht mehr
brauchte, sah man, daß seine nur
kostümierte Puppen waren, und
der Spott, mit dem man den Autor
bedachte, fiel besonders grausam
aus, weil er den Lesern selbst hätte
gelten müssen: Sie hatten, weil
Stoff und Tendenz ihnen gefielen,
bunte Oberflächlichkeit für hohe
Kunst gehalten. Den kurzen Ruhm
mußte Fouqué mit langer Verach-
tung bezahlen. Die Literatur-

geschichtsschreibung überbot sich fortan in Geringschätzung. Eine witzige Bemerkung Börnes über die „centaurischen" Romane Fouqués variierend, versah Georg Brandes 1875 den ehemals vielgerühmten Roman *Der Zauberring* mit dem Etikett „Poesie für Kavallerie-Offiziere": „Das einzige, was Fouqué in diesem Roman zu bewältigen gelingt, sind die Pferde."

Produktiv war Fouqué bis an sein Lebensende, erfolgreich aber nur in der Zeit der napoleonischen Besetzung, unter deren Druck die Deutschen sich ihrer Nationalität entsannen. Die deutsche Einigkeit und Größe, die man in der Gegenwart vermißte, fand man in germanischer Vorzeit und im Mittelalter — und ein national gefärbtes Christentum gleich mit. Deutsch-Sein, Ritterlich-Sein und Christlich-Sein war eins. Unter diesem Dach konnten sich alle verbünden: die chauvinistischen und demokratischen Arndt und Jahn mit dem nicht-chauvinistischen Fouqué, der so gar nicht demokratisch war, dafür aber populär.

Da der Adel unter Napoleons Herrschaft um seine Privilegien bangte und Bürger und Bauern unter Besatzung, Kontributionen und Handelssperren litten, konnte die national-romantische Bewegung breite Bevölkerungsschichten ergreifen, die zu dankbaren Fouqué-Lesern wurden. Die Stoffe aus der deutschen Geschichte und den nordischen und deutschen Sagen, die Fouqué zum Teil vor der Fachgermanistik aufgriff, reizten sowohl durch ihre Neuheit als auch durch ihre auf Stärkung des Nationalgefühls wirkende Tendenz und boten, anders als die frühere Romantik, keine Leseschwierigkeiten. Ohne Rücksicht auf geschichtliche und geographische Wahrheit und Genauigkeit ging es phantastisch und abenteuerlich bei Fouqué zu. Gedankentiefen waren vermieden, und die Sprache war eingängig, weil schablonisiert. Mit Recht meinte Heine, daß „Herr Fouqué … der einzige von der romantischen Schule ist, an dessen Schriften auch die niederen Klassen Geschmack gefunden" haben. Man kann aber auch weniger freundlich sagen: Fouqué hat die Romantik trivialisiert.

Eine Gesamtausgabe von Fouqués Werken gibt es nicht. Trotz der großen Arbeit von Arno Schmidt sind von den verstreut gedruckten Schriften nicht einmal bibliographisch alle erfaßt. Begibt man sich auf die Suche, merkt man bald, daß die Arbeit nicht lohnt. Zu unkritisch hat der Schnellschreiber produziert. Besonders schwach sind ihm dabei die Gegenwartsstoffe geraten, weil in ihnen die unzeitgemäße Tendenz sichtbarer wird. Am schlimmsten sind die Volksgestalten, die so, wie der Baron sich das Volk wünscht, empfinden müssen, wie „Paul Pommer" zum Beispiel, der brave alte Kriegsinvalide, der vor seinem Pflegesohn strammsteht, als der mit Leutnantsrang aus den Befreiungskriegen zurückkommt, und der ihm die Hand seiner Tochter verweigert, weil ein Offizier nicht ein Armeleutekind heiraten kann.

Nur wenige der vielen Erzählungen Fouqués sind noch heute genießbar. Neben dem *Galgenmännlein* ist das vor allem seine berühmte *Undine*, die schon bei ihrem Erscheinen nur gelobt worden ist. Dem Freund Chamisso hat sie genauso gefallen wie E.T.A. Hoffmann, der nach ihr die erste deutsche romantische Oper komponierte, und auch Heinrich Heine hat sie in der *Romantischen Schule* gerühmt. Auch heute kann sie, trotz ihrer altertümelnden, süßlichen Sprache, noch rühren, weil bei ihrer Entstehung nicht nur Erfindung, sondern auch Erfahrung die Feder führte, so daß in Fouqués künstliche Welt das Leben eindringt. Wenn Ähnliches manchmal auch in anderen Geschichten und in den Romanen aufblitzt (im *Alethes von Lindenstein* vor allem), ist ihm das in dieser Geschlossenheit sonst doch nie gelungen, so daß er sein Weiterleben in der Literatur allein der *Undine* verdankt.

Von einem Riesenwerk bleiben also nur achtzig Seiten! Die Tragödie eines Tendenzschriftstellers kann man das nennen. Es ist aber auch ein warnenders Beispiel: Literatur lebt von guten Absichten so wenig wie von reiner Erfindung; sie lebt von Wirklichkeit – die aber auch durch Wassergeister dargestellt werden kann.

Der arme Fouqué

Der vom frühen Erfolg Verwöhnte ist noch nicht vierzig, als es mit seinem Ruhm schon abwärts geht. Die Restaurationszeit und das uneingelöste Verfassungsversprechen des Königs treibt das Bürgertum in die Opposition, und da Fouqué weiter treu zum Thron hält, entfremdet er sich von der Hauptmasse seiner Leser, zu denen er zwar nicht politisch, aber doch geistig eigentlich gehört. Denn unter seinen Standesgenossen ist er ein Außenseiter, und auch bei Hofe ist das Interesse für Kunst und Literatur nur gering. Lediglich zwei Hoheiten sind es, an die der Dichter sich halten kann: an den Kronprinzen und an die Prinzessin Marianne von Hessen-Homburg, die mit Prinz Wilhelm, einem Bruder des Königs, verheiratet ist. Dieser schließt er sich mit dem Ernst eines ritterspielenden Kindes mehr und mehr an. Er ist der Sänger, sie die Herrin. „Die Hoheit Marianna hat befohlen, ich solle ein Trauerspiel ... dichten", schreibt er an seinen Freund Miltitz. „Ich glaube nämlich, Dir schon gesagt zu haben, daß die Herrin meine Bitte, bei ihr fragen zu dürfen, was ich schreiben solle und was nicht, mir bereits früher gewährt hat ... Ich werde denn auch darangehen, sobald sie mir einen Stoff angibt, über welchen sie noch sinnt."

Daß bei dieser Art von Stoffwahl nichts entsteht, was die Zeitgenossen des Wartburgfestes und der Karlsbader Beschlüsse interessieren kann, ist verständlich. Wilhelm Hauff, der sich als Knabe in den „altdeutschen Rock und die Fouquésche Tugend" gehüllt hatte, später aber den politischen Ideen der Burschenschaften nahestand, spottet im neunzehnten Kapitel der *Memoiren des Satans* ausgiebig über den „frommen Rittersmann", der entweder das Mittelalter modernisiert oder die Gegenwart in

mittelalterlichen „Mystizismus ein-
balsamiert", was alles „recht anmu-
tig aussieht" und „ganz süßlich
schmeckt". 1826 war dieser Angriff
erschienen, aber schon zehn Jahre
vorher hatte Varnhagen an Wilhelm
Neumann von der Abnahme des
Fouquéschen Ruhms geschrieben
und als Begründung angegeben:
„Der Baron überwältigt auf lächer-
liche Weise den Dichter. Armer
Fouqué!"

So denken sie alle, die Freunde.
Sie sehen ihn als „Gefangenen seiner eignen Manier" (Atterbom),
beklagen seine Unnatur, seine
Unzeitgemäßheit, seine Frömmelei,
oder sie können, wie Carl Borro-
mäus von Miltitz, sein ständiges
Reden von Kriegsruhm und -ehre
nicht mehr ertragen, nachdem sie
selbst Soldaten gewesen sind. „Das
was ich im Kriege suchte – ruhm-
volle Gefahr, Poesie, Rittertum p. p.
– das ist, Gott weiß es, dort nicht zu
finden; aber Ekel, Graus, Entsetzen...", schreibt Miltitz – natürlich
nicht an Fouqué, den er nicht krän-
ken will. Das will niemand, auch
Friedrich Perthes aus Hamburg,

sein alter Verleger, nicht, der 1819
seine Weigerung, Fouqué weiterhin
zu drucken, in tröstende Worte
kleidet: „Wahr ist's, Deine Schriften werden jetzt weniger wie vor
einigen Jahren gelesen ... Nun, das
gibt sich auch wieder ... Unbefangen vorwärts, mein teurer, mein
geliebter Fouqué! Dichte, singe,
wirke mit frohem, freudigem
Mute!"

Besser als dieser ungetreue Verleger kann da der Dichter sich schon
selbst trösten, indem er sein Los
mit dem anderer großer Autoren
vergleicht. Sein Gedicht *Dichter-
schicksal* steht schon 1816 in dem
von ihm und Karoline herausgegebenen *Frauentaschenbuch*.
Es beginnt mit den Versen:

„Weltlich kluge Leute,
Herrn, Fraun und Bräute,
Euer Wortgeläute
Stört mein Glück mir nicht",

fordert dann dazu auf, ihm seine
Lieder, die sich auf Traumgefieder
reimen, zu lassen, und schließt
mit den Strophen:

100 „Dies mein treu Verlangen

„Dies mein treu Verlangen
Mögt ihr grimmbefangen,
Zornerglüht die Wangen,
Immer mißverstehn.
Alle Dichterscharen
Gleich verflognen Aaren,
Haben's auch erfahren:
Mag's auch mir geschehn.
Seid gegrüßt, Verbannte,
Du, o großer Dante,
Tasso, der Verkannte,
seid gegrüßt zumal!
Einst im Himmelsreigen
Lächeln wir und zeigen
Uns im heitern Reigen
Unsrer Wunden Zahl."

Sein Mangel an Selbstkritik macht
es ihm unmöglich, seine Lage
nüchtern zu sehen. Der Gedanke,
daß seine Hervorbringungen nichts
taugen könnten, kommt ihm nicht.
Er bildet sich ein, daß eine politische Clique von Vaterlandsfeinden
sein Wirken verhindert, und er
nimmt sich noch am Ende seines
Lebens vor, auch weiterhin „freudiglich fürderzuringen im Strome
der Zeit, dem willkürlichen Getrieb
entgegen, das man sich Zeitgeist zu

benennen herausgenommen und
angewöhnt hat", wie es in der
Autobiographie von 1840 heißt.
Doch so trotzig er sich auch gibt:
er leidet sehr unter der größer
werdenden Einsamkeit. Die
ehemaligen Freunde verachten
seine Ideale, „um sich sündlichem
Gemurre und unzufriedener Klug-
tuerei desto bequemer hinzugeben"
(Paul Pommer), und die Welt kennt
keine Dankbarkeit. „Hu! Mich
friert's", heißt es in einem der
unsäglichen Dialoge des Romans
Der Refugie (1824), als einer der
Kriegshelden von 1813, hoch zu
Roß, ahnungsvoll vermutet, daß
der Ruhm eines Kriegsdichters
(„und hätt er auch die goldnen
Saiten mit seinem eignen, edlen,
treuen Herzblut recht freudiglich
beströmt") nur kurz sein wird:
„Hu! mich friert's im tiefsten Mark
des Lebens! Faßt mich die frühe
Morgenkühle nach dem nächtlichen Ritt? Oder tut es deine
schaurig-kalte Botschaft von der
undankbaren Welt?"

Doch das Leben hat noch
Schmerzen anderer Art für ihn

bereit. In der *Lebensgeschichte* erzählt er: „In der ersten Morgenfrühe des einundzwanzigsten Julius 1831 erwachte ich von heftigem Türenschlagen und raschem Hin- und Hergehen in dem jetzt außerdem so tiefstillen Hause. Erstarrendes Entsetzen fuhr durch meine Gebeine. – Ich fuhr zitternd in die Kleider. Da – die Tür geht rasch auf, meine Tochter Marie steht drinnen: Vater, ruft sie mit bebender Tränenstimme, Vater, komme! Ach, Mutter ist sehr krank! Und gleich darauf wieder hereinwankend, winselt sie: Vater, eile dich! Eile dich! Sie stirbt. – Ich eilte mich. Ich kam. Die geliebte Gattin starb unter meinen Hülfe leistenden, unter meinen betenden Händen. Kein Laut mehr von ihren süßen Lippen."

Das Nennhausener Kirchenbuch gibt an, daß Karoline im Alter von 56 Jahren, 9 Monaten und 14 Tagen an Brustwassersucht gestorben ist. Im Park, „vom Laubdache eines schönen Eichenhains überwölbt", wird sie neben dem alten Briest begraben. Fouqué verfaßt in

diesen traurigen Tagen viele Verse, die er mit Zeitangaben wie *Am Sterbetage abends*, *Tags darauf*, *Vor dem Begräbnis*, *Etwas später* überschreibt und die, trotz aller frommen Klischeehaftigkeit, doch den Schmerz ahnen lassen, der durch sie erträglich gemacht werden soll. Mit den Grabreden zusammen werden diese *Liedes- und Leides-Grüße* (die mit der forsch klingenden Zeile: „Nur die Schmerzen nicht gescheut!" beginnen) mit der Hand abgeschrieben und dem „erlesenen Kreise solcher" mitgeteilt, die „die Entschlafene ... als eine der geist- und gemütreichsten Schriftstellerinnen" zu schätzen wußten. Daß Karoline den „geistigen Mittelpunkt" der Familie „bildete und unzerstörbar bilden wird", vermerkt der „trauernde, aber in Gott getröstete Gatte" ausdrücklich – sicher ohne damit sagen zu wollen, was sich jetzt als wichtig erweist: daß er nur am Rande stand, nur als Mann der Gutsherrin geduldet.

Zwar wird er in Kirchenbuch und Testament neben den drei

Kindern aus erster und der einen
Tochter aus zweiter Ehe auch als
Erbe erwähnt, doch ist sein Erbteil
äußerst gering. Außer vierzig
Talern im Monat erhält er lediglich
das Recht, in Nennhausen kosten-
los zu wohnen – wenn er unverhei-
ratet bleibt. Das aber bleibt er nicht
lange, zwei Jahre nur. Glücklicher
als die vorangegangene wird diese
dritte Ehe auch nicht.

Sie beginnt mit einem familiären
Skandal: Die Nennhausener Erben
(unter ihnen auch Fouqués Tochter
Marie) sagen sich von dem „toll
gewordenen Vater" los und verbie-
ten ihm das Haus. Nicht daß seine
neue Frau Albertine (Berta, Bert-
chen genannt) dreißig Jahre jünger
ist als der sechsundfünfzigjährige
Baron, ist der Grund, sondern, daß
sie Gesellschafterin der Tochter,
Bedienstete also, im Hause war
und eine Bürgerliche ist: Kind
eines Schiffsarztes aus Barth in
Vorpommern.

Erstaunlicherweise setzt sich der
verliebte Baron Fouqué, der bis zu
seinem Tode an allen sonstigen
Standesvorurteilen festhält, ohne
Skrupel über dieses hinweg. Er verläßt Nennhausen für immer, heira-
tet in Berlin und führt in Halle das
bürgerliche Leben eines Schriftstel-
lers und Privatdozenten. Außerhalb
des Universitätsbetriebes hält er
Vorlesungen über Literatur und
Zeitgeschichte und dichtet in alter
Vielfalt weiter, auch wenn kein Verleger sich mehr für ihn interessiert.
Die Eheleute, denen inzwischen
ein Sohn geboren wurde, scheinen
gut miteinander auszukommen,
doch bleibt den Behörden in dieser
Hoch-Zeit des Denunziantentums
nicht verborgen, daß der Schein
trügt.

Da die preußischen Behörden
einen jungen französischen Schriftsteller, der bei den Fouqués
verkehrt, der Agententätigkeit
verdächtigen, schickt man einen
Spitzel zu den Fouqués in die Rat-
hausgasse, der dann „gehorsamst"
meldet, was er aus „guter Quelle",
sicher durch die Dienstboten,
erfährt. Glaubt man diesem
Denunziantenbrief aus dem Hal-
lenser Stadtarchiv, so hat die Frau
Baronin mit dem Franzosen nicht

nur ein Verhältnis, sondern sie hält ihn auch aus. Sie ist den ganzen Tag mit dem Liebhaber zusammen und duldet es nicht, „daß der Ehemann zu einer anderen Zeit als beim Mittagessen und abends beim Tee in ihre Stube" kommt. Der Franzose „begleitet sie bis ins Bett und hilft bei der Toilette, und als er kürzlich damit noch nicht ganz fertig gewesen (nachts 12 Uhr), ist ohne Anmeldung Herr v. Fouqué eingetreten, um schlafen zu gehen; worauf sie ganz wütend ihm zugeschrieen: Ochse, siehst du denn nicht, daß ich noch nicht ausgekleidet bin, und erlaubst dir, früher zu kommen? Marschiere so lange in deine Stube! Herr v. Fouqué hat sich zurückgezogen und ungeachtet aller Müdigkeit beinah eine Stunde lang aus dem Fenster gesehen, bis er gerufen worden; allein jetzt ist erst der Spektakel angegangen und das Schimpfen hat bis früh gedauert. Sie hat ihm mehrmals zugerufen: Du besoffener Schweinehund! ... Er trinkt nämlich 2 Flaschen Wein, einige Gläser Madeira und 3–4 Bouteillen Bayrischen Bieres

täglich und ist fortwährend in seinem Arbeitsstübchen beschäftigt."

Armer Fouqué! Die Träume von holder Minne und von tapferen Rittern hat er sicher genauso nötig wie die Lebens- und Sterbenshilfe, die er in seinem wohl schönsten Gedicht *Trost* allen geben will:

„Wenn alles eben käme,
Wie du gewollt es hast,
Und Gott dir gar nichts nähme
Und gäb dir keine Last:
Wie wär's da um dein Sterben,
Du Menschenkind, bestellt?
Du müßtest fast verderben,
So lieb wär dir die Welt!

Nun fällt – ein's nach dem andern –
Manch süßes Band dir ab,
Und heiter kannst du wandern
Gen Himmel durch das Grab.
Dein Zagen ist gebrochen,
Und deine Seele hofft;
Dies war schon oft gesprochen,
Doch spricht man's nie zu oft."

Aber trotz der Hoffnung aufs Jenseits, die Fouqué immer wieder beschwört, flieht er vor dem irdi-

schen Jammer in den Alkohol-
rausch – von dem er auch nicht
läßt, als er 1841 nach Berlin zieht,
weil der Kronprinz endlich den
Thron bestiegen und die Pension
seines Lieblingsdichters erhöht hat.
Wahrscheinlich war Fouqué
betrunken, als ihn die hochschwan-
gere Frau Baronin eines Nachts
bewußtlos auf der Treppe des
Mietshauses Karlstraße 23 a (der
heutigen Reinhardtstraße) findet
und ihn in die Wohnung tragen
läßt, wo er am nächsten Morgen,
im 66. Jahr, stirbt. Wie sehr ihn der
von ihm so verachtete Zeitgeist
schon vergessen hat, zeigt auch die
beiläufige Tagebuchnotiz des sonst
so redseligen Jugendfreundes Varnhagen: „Dienstag, den 24. Januar
1843 ... Zwei Neuigkeiten wurden
mitgeteilt; daß der Königsberger
Jacoby hier vom Kammergerichte
freigesprochen worden und daß
Fouqué gestern gestorben sei."

Sein Grab auf dem Berliner Gar-
nisonskirchhof in der Linienstraße
ist noch erhalten. Einige Werke der
letzten Lebensjahre sind bis heute
nicht gedruckt.

Fouqués Grab befindet sich auf
dem Berliner Garnisonsfriedhof an der
Linienstraße, wo neben vielen
preußischen Generälen auch der Frei-
scharführer von Lützow („Lützows
wilde, verwegene Jagd") seinen Grabstein hat.

Aus einem Brief von Theodor
an Emilie Fontane:

Steinhöfel bei Fürstenwalde,
3. Mai 1862
(Abends 9 Uhr)

Meine liebe Frau.

Nur ein paar Worte. Es geht mir
sehr gut, zwei Tage bin ich erst fort,
und doch hab ich schon so viel
gehört und gesehn, daß mir zumute
ist, als hätt ich Euch vor 8 Tagen
verlassen. Kossenblatt, wiewohl
eher schaurig als schön, war doch
ganz famos und gibt ein vortreffli-
ches Kapitel; was mir aber vorzugs-
weise den Eindruck gibt, als hätte
ich schon wer weiß wieviel erlebt,
das ist der Umstand, daß ich diesmal auf so vielsprechende Leute
gestoßen bin. Um den Berolinismus
zu gebrauchen: „Man hat mir den
Kopf verkeilt." Amtmann Buchholtz in Kossenblatt, Pastor Stappenbeck ebendaselbst, dessen Frau
und Schwägerin, heute nun ein
gewisser Beeskower Krösus namens
Ribbeck (auf der Fahrt von Beeskow bis Fürstenwalde – der Kerl
erzählte drei volle Stunden, ohne

auszuspucken) und nun endlich der Kammerdiener des Herrn v. Massow namens Lavas haben mir so viel erzählt, Kluges und Dummes, Interessantes und Langweiliges, daß mir der Kopf schwirrt. Ich schleppe an einem ganzen Sack voll Münzen und werde erst zu Hause die Goldpfennige von dem ganz gemeinen Dreier scheiden können.

Morgen abend möchte ich sehr gern bis Buckow kommen. Die Itzenplitzschen Güter werde ich jetzt nicht besuchen, sondern später.

Grüße alles, küsse die Kinder und sei gegrüßt und geküßt von Deinem alten Krepel Theodor

1

Am Morgen des 2. Mai 1862 ist Fontane von Beeskow nach Kossenblatt unterwegs. Drei Jahre zuvor hat er seine *Wanderungen durch die Mark Brandenburg* begonnen. Der erste Band des großen Werks ist schon erschienen. Der Aufsatz, dem die Ortsbesich- tigung, die er jetzt vorhat, dient, ist für den zweiten Band, der Ende des Jahres erscheinen soll, bestimmt. Zweiundvierzig Jahre ist Fontane alt. Beim Erscheinen des vierten Bandes wird er dreiundsechzig sein. Der Siebzigjährige wird den Zusatzband *Fünf Schlösser* heraus- geben, und noch kurz vor seinem Tode wird er mit dem *Ländchen Friesack*, das Fragment bleibt, beschäftigt sein.

Die zehn Kilometer in Sonnen- hitze geht er nicht, sondern er fährt. Seine *Wanderungen* müßten eigentlich Fahrten heißen, denn er ist selten zu Fuß. Er benutzt die Eisenbahn, deren Streckennetz sich schnell zu verdichten beginnt. Er reist mit den Linienwagen der Post, deren Postillone bei der Ankunft auf den Stationen noch blasen. Im Spreewald und im Wustrauer Luch hat ihn der flache Kahn durch die Kanäle getragen. Von Frankfurt aus wird er auf einem Dampfer in diesem Sommer noch die Oder abwärts, an Bord eines Segelbootes zwölf Jahre später die Dahme aufwärts fahren. Meist aber mietet

108 er sich auf der letzten Bahn- oder Poststation eine Kutsche – wie er es jetzt in Beeskow tat.

Seinen Naturbeschreibungen merkt man das Fahren an. Auf dem Kutschbock sitzend, den Hufschlag und das Knirschen der Räder im Ohr, zieht die Landschaft vorbei wie von weitem gesehen. Das Kleine, das Fußgänger am Wege finden, kommt nur selten ins Bild. Es interessiert ihn auch nicht. Nicht zu Goldkäfern oder Binsen ist er unterwegs, sondern zu Herrensitzen, auf denen das Vorfahren sich empfiehlt. Bestaubt, vielleicht sogar hinkend, zu Fuß ankommen sollte man da nicht. Journalist und Schriftsteller zu sein, ist schon anrüchig genug.

Die Beeskower Gegend, durch die er auf sandigen Wegen fährt, findet er schlimmer als öde, nämlich trist. Natürliche Öde kann reizvoll sein, sagt er erklärend, nicht aber die, der der Mensch mit geringem Erfolg Ertrag abzuringen versucht. Es ist die Klage über die Armseligkeit der Mark, die er immer wieder anstimmt, auch

deshalb, weil sie, wie er meint, den Charakter ihrer Bewohner prägt. Ein unkritischer Schwärmer ist also der fahrende Wanderer nicht; seine Art der Verherrlichung geht andere Wege.

Sein schlechter Eindruck von dieser Gegend hat auch, ohne daß er es an dieser Stelle sagt, mit seinem Desinteresse an ihr zu tun. Sie ist geschichtslos für ihn; und da ein Reisender nur sieht, was er weiß, sieht dieser (dem auch die eindrucksvollen Ruinen von Kloster Chorin, weil sich keine erzählbaren Geschichten an ihre Geschichte knüpfen, öde und leer erscheinen) hier nur das Elend. Er befindet sich genau in der Lage, die er zwei Jahre später in dem Aufsatz *Über das Reisen in der Mark* so charakterisiert: Wer nach Küstrin oder Fehrbellin kommt, ohne mit deren Vergangenheit vertraut zu sein, der wird nur Gleichgültigkeit, Mißbehagen oder auch Schlafbedürfnis empfinden; wer aber weiß, daß hier Katte starb und dort der Große Kurfürst die Schweden besiegte, „der wird sich aufrichten im Wagen

Das Beeskower Plateau ist trocken
und sandig, aber überall, wo dürftige
Äcker und Kiefernwälder sich zu
feuchten Niederungen senken, findet
man frisches Grün.

und Luch und Heide plötzlich in wunderbarer Beleuchtung sehen".

Da jetzt für ihn erst der Zielort auf diese Weise beleuchtet sein wird und der Kutscher, der nicht erwähnt wird, auch langweilig zu sein scheint, ist Fontane über die Begegnung mit einem Dorfjungen, der ihm plaudernd den Weg kürzt, froh. Das Kind, das er als „allerliebst" bezeichnet und doch schon mit dem Mißtrauen und der Nüchternheit des Märkers ausgestattet sieht, wird der einzige lebende Kossenblatter sein, der dem Leser begegnet; denn dem unbewohnten Schloß, nicht dem Dorf gilt Fontanes Interesse, und dem Pfarrer und dem Amtmann, seinen Auskunftspersonen, räumt er in diesem Aufsatz einen Auftritt nicht ein.

In anderen geht er da anders vor. Da treten Pastoren, Küster, Lehrer und Kutscher auf, holzsammelnde alte Frauen, Krugwirtinnen und Fährmänner dürfen ihr Plattdeutsch reden, und die Landpartien fideler Berliner werden mit Scharfblick und Sinn für das Komische analysiert. Sie markieren die

Gegenwart des Vergangenheitssuchers — und sind doch als Antwortende durch den Frager auf Vergangenheit orientiert. Von ihrem eigenen Leben und damit von sozialen Fragen der Zeit ist selten die Rede, und wenn, dann nicht von denen der Masse der Landbewohner, der bäuerlichen Bevölkerung. In Teupitz wird darüber berichtet, daß die Fischer „nicht viel mehr als die Tagelöhner und Dienstleute des reichen" Fischgroßhändlers sind; im Wustrauer Luch wird die harte Arbeit der Torfstecher gewürdigt; in Werder wird festgestellt: „Wer persönlich anfaßt und fleißig arbeitet, wird selten reich; reich wird der, der mit der Arbeit hundert anderer Handel treibt"; und in der Reportage über die Ziegelindustrie in Glindow wird im eindrucksvollen Schlußbild das Proletarierelend dem Fabrikantenreichtum gegenübergestellt: sozialkritische Töne also, die sich auf den auch das Land erobernden Kapitalismus beziehen, nicht aber auf den die *Wanderungen* beherrschenden Adel. Das tradierte Anklagebild von Hütte und Palast kommt Fontane beim Anblick von Ziegeleibesitzer-Villen in den Sinn und nicht bei dem der vielen von ihm aufgesuchten Schlösser. In Glindow fällt ihm auch der Ausdruck Frondienst ein, doch im Zusammenhang mit „Industrialismus". Der Bauer seiner Gegenwart, der, ohne als Person in Erscheinung zu treten, als arm und folglich auch „hart" charakterisiert wird, hat bei dem Städter Fontane keine Geschichte, weil die Geschichte der Adelswelt, die er beschreibt, ihre sozialökonomische Seite nicht zeigt.

Da das *Dorf* Kossenblatt Fontane nicht interessiert, schreibt er darüber so wenig wie über andere Dörfer, die er der Schlösser wegen besucht. Volkskundliches (sieht man von den Trachten der Wenden ab) nimmt er kaum wahr; der Zustand der Bauernhäuser, der Wohnverhältnisse und Arbeitsmittel ist ihm keiner Beachtung wert; Dorfanlagen (Kossenblatt ist ein Straßendorf mit abseitiger Lage von Schloß und Kirche) werden nur selten erwähnt. Seltsam in diesem

Fall ist, daß er fast auch den Fluß, an dem der Ort liegt, unterschlägt. Die Spree (die hier bis 1815 jahrhundertelang preußisch-sächsische Grenze war, woran die „Zollbrücke" noch immer erinnert) kommt bei ihm nur nebenbei durch Erwähnung eines Spreearms vor.

Sicher hat das damit zu tun, daß er den Aufsatz nicht in den Band *Spreeland*, sondern ins *Oderland*, wo er nicht hingehört, aufnehmen will. Denn dort hat er, in Prädikow, den Grafen Barfus behandelt, und da dieser später Besitzer von Kossenblatt wurde, ist ihm um die Nachbarschaft der beiden Kapitel zu tun. Genealogische Zusammenhänge zieht er also topographischer Genauigkeit vor. Eigentlich kommt er an diesem Maitag gar nicht in Kossenblatt, sondern in dessen Vergangenheit an.

2

Im Zentrum von Kossenblatt, wo die großzügig angelegte Dorfstraße sich angerartig erweitert („hübsche Dorfgassen-Linie" heißt ein unbenutztes Stichwort im Notizbuch),

Kossenblatt, in der Spreeniederung
gelegen, gehörte seit jeher zu den
wohlhabenderen Dörfern der Beeskower Gegend. Auch seine breite,
von Linden gesäumte Dorfstraße zeugt
davon.

kommt der Wagen im Schatten der Linden zum Stehen. Rechts kehrt das alte Herrenhaus der Straße den Giebel zu; hinter ihm steht, etwas erhöht, die Kirche. Das Schloß verbirgt sich in der angrenzenden Niederung; es ist nur über den Wirtschaftshof zu erreichen.

Während der Kutscher die Pferde versorgt, überquert der Fahrgast (in Gehrock und Weste, den steifen Hemdkragen mit einer Schleife geziert, den Überzieher über dem Arm) die von Hühnern und Gänsen bevölkerte Straße, weil dort auf der anderen Seite das Pfarrhaus steht, wo Pastor Stappenbeck ihn erwartet.

Teilt man die Dorf-Seelenhirten grob in Realisten und Idealisten ein, muß man Stappenbeck wohl zu den letzteren zählen. Er will nicht nur Amtsinhaber, sondern auch Wirkender sein, will nicht nur verwalten, sondern auch missionieren, doch predigt er oft, wie sein Nachfolger meint, über die Köpfe der Gemeinde hinweg. Da Wissenserwerb, wie er glaubt, die Sitten verbessern kann, sieht er sein Amt

auch als ein volkspädagogisches an. Um die Leute von Branntwein-Genüssen weg zu höheren zu führen, liest er ihnen abends in der Schulstube vor und richtet eine Dorfbibliothek ein. Aber auch als Ortsgeschichtsschreiber wird er tätig; der 1724 angelegten Kirchen-Chronik vertraut er manches Bewahrenswerte an.

Der starke Folio-Band, dessen barocker Titel (*Kirchen-Protocoll in Cossenblad, worin gefunden werden allerley Nachrichten von sonderlichen Begebenheiten* usw.) eine ganze Seite füllt, liegt, so ist anzunehmen, mit auf dem Tisch, wenn Stappenbeck den Gast aus Berlin empfängt. Das Pfarrhaus, das noch keine zwanzig Jahre alt ist, ahmt den herkömmlichen Stil märkischer Bauernhäuser nach, in größerer Stattlichkeit freilich. Es steht mit der Längsseite zur Straße und ist durch einen Flur, der von vorn und vom Hof aus betreten werden kann, in der Mitte geteilt. Der straßenseitigen Haustür (die bei den Bauern nur sonntags als Eingang dient) ist eine Holzlaube vorgebaut, die Weinlaub umrankt. Hier sitzt man und plaudert – wobei mehr erzählt wird als der Reisende wissen will und sich merken kann. Denn nicht nur der Pastor, auch dessen Frau und dessen Schwägerin geben Auskunft, und die Freude darüber, daß ihr Dorf-Wissen auch mal gefragt ist, machen die drei so redselig, daß Fontane bald, wie aus vorstehendem Brief ersichtlich, „der Kopf schwirrt".

Da ist (wie wir nach Lektüre der Kirchen-Chronik vermuten können) von im Drobsch-Sumpf Erstickten und in der Spree Ertrunkenen die Rede, von plündernden Österreichern und Russen im Siebenjährigen Krieg, von Brandstiftungen, Epidemien und Kugelblitzen, von Bruder-, Kinds- und Selbstmördern, von Hurenkindern, Hochwasserkatastrophen, Monstergeburten, Hexenverbrennungen – und dann auch von einem Gespenst in der Gestalt einer Jungfrau, das partout die Hochzeit des Gutsherrn David von Oppen verhindern wollte, sich letztlich sogar (wie der Pastor David

Stern in seiner 1666 bei Erasmus Stößner zu Frankfurt/Oder gedruckten Leichenpredigt ausführlich beschreibt) zwischen die Gatten ins Brautbett drängte – und das Fontane vielleicht dazu benutzt, um auf die Gestalt, von der er etwas hören will, überzuleiten: Auf den Grafen von Barfus, der Kossenblatt samt Briescht, Werder und Schwenow nicht lange nach der Gespensterscheinung von den Oppens erstand.

Daß nur Bruchstücke des Berichteten später nachzulesen sein werden, wird die Berichterstatter notwendigerweise enttäuschen; denn Fontanes Wertmaßstab, nach dem er die Goldpfennige von den gemeinen Dreiern scheidet, ist ihrer nicht. Sie wissen nicht, daß literarische Formung Weglassen erfordert, und sie sehen anderes als der Schreiber für wichtig an. Es geht ihnen da ähnlich wie den Nachkommen der von Fontane verewigten Adelsfamilien, denen seine Geschichten nicht edel und pathetisch genug sind. Sie sehen ihre Ahnen in Heldenpose erstarrt,

Fontane aber gibt sie in liebevoller Lebendigkeit wieder, nicht frei von komischen und skurrilen Zügen; und wenn er auch das wirklich Schlimme und Häßliche kaschiert oder verschweigt, (und, um nicht lügen zu müssen, auch seine Begegnungen mit den Schloß-herren zu beschreiben unterläßt) so gibt er doch Urteile ab, die die Familiengralshüter oft ärgern. „Neulich", wird er im März 1874 an Mathilde von Rohr schreiben, „kriegte ich einen Klagebrief von einer Frau v. Witzleben, geb. v. Meusebach, aus Potsdam, die sich bitter beschwerte über das, was ich über ihren verstorb. Bruder geschrieben habe. Er war schließ-lich absolut verrückt; ich nenne ihn einen ‚Mann von Genie und Excentricität'; das ist nun der Dank dafür." Und im selben Brief schreibt er, nachdem der Einspruch der Familie ihn zu Veränderungen veranlaßt hat: „Ob die Familie im Ganzen dadurch befriedigt wird, muß ich bezweifeln, denn immer aufs Neue mache ich die Erfah-rung, daß Familien ... nicht zufrie-

denzustellen sind. Ich glaube auch, daß sie, die Familien, von ihrem Standpunkte aus ganz recht haben, weil ein Schriftsteller, der die Dinge lediglich als einen Stoff für seine Zwecke ansieht, auch bei größter Vorsicht und wirklichem Takt immer noch der Pietät ent-behren wird, die im Herzen der Familienmitglieder lebt. Mitunter ist es freilich nicht mehr Pietät, sondern einfach eine Mischung von grenzenloser Dummheit mit ebenso grenzenloser Eitelkeit."

Aber nicht nur der Adel mäkelt an den *Wanderungen* herum. Lokal- und Hurra-Patrioten finden sie nicht patriotisch, Wissenschaft-ler nicht wissenschaftlich genug, Fortschrittlern sind sie zu konser-vativ – und auch mehr als ein Jahr-hundert danach, heutzutage also, sind die Ansichten der Fontane-Leser, deren es bekanntlich viele gibt, über die *Wanderungen* geteilt.

Da gibt es den Ignoranten, der sie ungelesen läßt. Inhaltlich hat er kein Interesse an ihnen, künst-lerisch hält er sie für verfehlt, poli-tisch für fragwürdig, und der vom

Autor an sie verschwendete (und damit dem Romanschreiben entzogene) Fleiß jammert ihn.

Da ist, als Gegenbild dazu, der Heimatforscher, dem die *Wanderungen* heilige Bücher sind. Zwar findet er sie lücken- und auch fehlerhaft, doch kann das seine Hochschätzung nicht mindern, weil er weiß: der gute Ruf, den sein Forschungsgegenstand, die Mark, weithin genießt, verdankt er ihnen; das Interesse, das er bei anderen erwartet, wurde durch die *Wanderungen* erst geweckt. An ihnen hat er ein Modell, dem er nachstreben, das er verwerfen oder berichtigen kann; und wenn er bescheiden auf ihren Spuren wandert, fällt etwas von ihrem Ruhm auch auf ihn zurück. Auch seine Liebe zu den Romanen ist, falls überhaupt vorhanden, durchs Lokale bestimmt; sie wächst mit topographischer Genauigkeit und schwindet, wird der Schauplatz in den Harz, nach Ungarn, Dänemark oder gar Amerika verlegt. Die Romane sind ihm sozusagen angewandte *Wanderungs*-Kunst.

Oberhalb Kossenblatts liegt das Dörfchen Werder. Wenn die schlechte Qualität des Wassers nicht wäre, wirkte die Spree hier so unberührt wie vor hundert Jahren.

Das unterscheidet ihn grund-
legend von dem dritten Typ, der die
Wanderungen zwar für wichtig hält,
aber nur als Leitersprosse zu den
Höhen des Romans. Ihn interessiert an ihnen nur, was dann in *Vor
dem Sturm*, im *Schach von Wuthenow*, in der *Effi Briest* oder im
Stechlin verwandelt wiederkehrt.
Das große *Wanderungs*-Werk, das
er insgesamt in seinem schemati-
schen Fontane-Bild zeitlich vor die
Romane plaziert, wird von ihm
also zur Schreibübung degradiert.
Daß es in Wirklichkeit noch weit in
die Phase des Romanschreibens
hineinragt, als Nebenarbeit auch
im Alter ständig weiter mitläuft
und sich am Lebensende noch
einmal in den Vordergrund drängt,
stört seine Theorien nicht.

Diese Einseitigkeiten macht der
Vertreter der vierten Gruppe, der
ideale Fontane-Leser, nicht mit.
Der leugnet die überragende
Bedeutung der Romane nicht, sieht
mit Interesse, wie sie sich auch aus
den Erfahrungen der *Wanderungen*
nähren, und achtet doch das eine
vor dem andern nicht gering. Jedes

läßt er in seiner Art gelten – auch
wenn er die Kunstfehler des in
Jahrzehnten entstandenen *Wanderungs*-Werks erkennt.

Denn ein einheitliches Gebilde,
wie es jeder der Meisterromane ist,
sind die *Wanderungen* nicht. Da
gibt es gestaltete und ungestalte,
interessante und langweilige
Kapitel; auf Reportage, Feuilleton
und beste Erzählkunst folgt reine
Faktenhäufung; der Plauderton,
den Fontane liebt und beherrscht,
gelingt nicht immer, und manchmal ist er von der Trockenheit der
deshalb von ihm gerügten Histori-
ker nicht weit entfernt. Für kaum
jemand (sieht man von Militär-
historikern ab) wird es wohl eine
Freude sein, sechzig Seiten lang
über die wechselnden Chefs, die
wechselnden Uniformen und das
wechselnde Schlachtenglück der
Neuruppiner Garnison zu lesen;
die Gespräche mit dem Kutscher
Moll aber oder die Geschichte vom
Fischer von Kahniswall wird auch
der genießen können, der sich für
die Rauenschen Berge und den
Seddinsee nicht interessiert. Zur

Information über die Mark sind alle Teile der *Wanderungen* zu gebrauchen, zu einem Lesegenuß aber, der nicht unbedingt auf Belehrungen aus ist, nur die, in denen neben dem Landschafts- und Vergangenheitsbeschreiber auch der Menschengestalter zu Worte kommt. Hier ist Fontane dann aber durchaus auf der Höhe seiner Kunst. Man kann, sagt sich der ideale Fontane-Leser, den Romancier vor dem Wanderer, den Briefschreiber vor dem Balladendichter oder Theaterkritiker schätzen, würdigen aber muß man alles können, wenn man den ganzen Fontane will.

3

Noch vor dem Mittagessen, so stellen wir uns vor, wird Pastor Stappenbeck den Gast in die Kirche begleiten. Er redet unaufhörlich dabei; denn einen so verständigen Zuhörer hat er nur selten, und bei jedem Schritt sieht er etwas, das er für sehens- und erklärenswert hält. Das beginnt mit dem Platz vor dem Pfarrhaus, dem Fest- und

Versammlungsort, an dem auch Küsterhaus, Feuerwehr, Schule und Schenke stehen. Die einzelne Eiche dort (sagt er in so begeistertem Ton, als gäbe es nicht fast in jedem Dorf dergleichen) wird die Königseiche genannt. Sie wurde 1815, am ersten Jahrestag des Einzugs in Paris, nach feierlichen Reden und freiem Bier und Schnaps, gepflanzt. (1866 wird die Siegeseiche dazukommen, 1871 die Kaisereiche – die Stappenbeck in der Chronik mit den Versen begrüßen wird: „Blühe, du deutsches Reich, / Wachse der Eiche gleich, / Kraftvoll und hehr! / Friede beglücke dich, / Freiheit erquicke dich, / Frömmigkeit schmücke dich, / Vom Fels zum Meer!" –, an welcher Stelle dann einer seiner Nachfolger 1917 hinzufügen wird: „Und wann werden wir die Friedenslinde setzen können? Mach End, o Herr, mach End mit aller Not!" Aber diese Linde wird nie gesetzt werden. Kriegervereine werden auf dem Platz paradieren, Braunhemden sich versammeln, Flüchtlingstrecks rasten, und schließlich werden

In Kossenblatt trennt ein Spreearm
Schloß und Dorf voneinander. In den
ersten Jahrhunderten der deutschen
Besiedlung stand an der Stelle
des Schlosses eine Wasserburg.

Rotarmisten ihre Fahrzeuge unter den drei Eichen parken, deren Namen und Bedeutung niemand mehr kennt.)

Auf der Straße, die noch keine Pflasterung hat, weist Stappenbeck vielleicht auf noch vorhandene Strohdächer hin und erzählt von Feuersbrünsten. Er zählt die kirchenlosen Dörfer auf, die zu seiner Pfarre gehören, und schildert die schlechten Wege, nach Werder zum Beispiel, das er, wenn das Wetter es zuläßt, besser auf der Spree mit dem Kahn erreicht. Er stammt aus der fruchtbaren Priegnitz, und die sandigen Höhen, die es außerhalb Kossenblatts gibt, haben ihn anfangs schockiert, aber jetzt hat er sich eingelebt und wird bleiben – bis er 1871, als Sechzigjähriger, stirbt.

Die Gräber der Kossenblatter liegen um die Kirche herum. Noch ist die moderne Zeit nicht da, wo man auch auf dem Dorf mit seinen Toten nicht mehr leben will, sie an die Peripherie verbannt, am besten in die Einöde zwischen zwei Dörfer, also außer Sichtweite. Noch

führt der Weg zur Kirche zwischen gußeisernen Kreuzen und Grab-platten hindurch. Aber nur die Nicht-Adligen sind hier begraben, die Oppen und Barfus hatten ihre, zu Fontanes Bedauern nicht mehr zugängliche, Gruft. An der Nord-seite der Kirche (wo heute Brennes-seln wuchern) ist neben den Gruft-anbauten ein aufschlußreicher Gedenkstein zu sehen, den Stap-penbeck bei seiner Führung sicher nicht ausließ, über den der Besucher aber nichts notiert.

Allhier ruhen die Gebeine des zu Cossenblatt 30 Jahr gestandenen Beamten Friedrich Leopold Lengenick gebohren den 16ten Juli 1717 gestorben den 1ten Märtz 1784 nebst seinen 6 Kindern
1. Charlotte gbor.: 1756, ertrunken 1758
2. August gbor.: 1761, an Zähnen gstor. 1762
3. Friedrich gbor.: 1767, an Mathigkeit gstor. 1768
4. Leopold gbor.: 1759, an Pocken gstor. 1769

Am Kanzelaltar in der Kossenblatter
Kirche zeigt der preußische Adler mit
Krone, daß hier einst der König
Kirchenpatron war.

5. Caroline gbor.: 1757, an Pocken
gstor. 1777
6. Philippine gbor.: 1773, an Pok-
ken gstor. 1777

Zu den Goldpfennigen zählt dieser
Einblick in den Alltag des klassischen Preußen für Fontane nicht.
Er hofft auf das Innere der Kirche
und wird nicht völlig enttäuscht.
Der Bau, der ganz wie einer aus
der Zeit des Soldatenkönigs
erscheint und doch im Kern gotisch
ist, hat Geschichtliches noch
bewahrt: ein Porträt David Sterns,
des Pfarrers, der das Gespenst der
Familie von Oppen beschrieb (es ist
heute, stark ramponiert, noch
vorhanden), das vielköpfige Oppensche Familienbild, dem Fontane
dann eine Fußnote widmet, drei
figürliche Grabsteine der Oppens –
aber nichts aus der Barfus-Zeit.
   Die Hohenzollern-Epoche
dagegen ist durch die bescheidene
Königsloge und den Kanzelaltar
präsent; genaugenommen ist sie
noch gar nicht zu Ende. Zwar hat
und wird sich kein König, kein
Prinz mehr in Kossenblatt sehen

lassen; zwar ging das Gut, das seit 1811 in Erbpacht war, schon in bürgerliche Hände über; aber das Schloß bleibt in königlichem Besitz – und das Kirchenpatronat auch.

Stappenbeck, der, wenn er predigt, links vor sich die kriegerische Stuckornamentik der Loge sieht und über sich, auf dem Kanzeldekkel, den preußischen Adler weiß, ist auf dieses hohe Patronat stolz. Vor sechs Jahren, erzählt er, als man in Beeskow den 300. Jahrestag der Zugehörigkeit zu Brandenburg festlich beging, ist er dem vorigen König, Friedrich Wilhelm IV., vorgestellt worden, und Majestät, als sie Kossenblatt hörte, geruhte zu sagen: ei, da gehöre sie ja eigentlich hin, sie wolle mal kommen, doch wurde nichts draus, und nun ist sie ja eingegangen zu ihren Vätern.

Draußen herrscht Mittagshitze, aber die Kirche ist kalt. Das Sonnenlicht, das durch die Fenster fällt, läßt das Messingkreuz auf dem Altar und die Königskrone, die der Adler trägt, funkeln. Die Problematik von Kreuz und Krone, von Thron und Altar liegt also in der Luft; aber der Pastor, dessen Leben und Denken in den von Staat und Kirche vorgezeichneten Bahnen verlief, empfindet sie vermutlich nicht als solche. Bei Fontane sieht es da anders aus; doch keine Religionsproblematik ist sie für ihn: die Politik, die sich religiöser Phrasen bedient, konfrontiert ihn mit ihr. Der Apothekersohn aus Ruppin, der ein dichtender Apotheker wurde, der revolutionäre Artikel schrieb, sich dann aber mit dem reaktionären Regime arrangierte und für die Regierungspresse nach England ging, ist vor zwei Jahren (1860), um Frau und Kinder ernähren zu können, bei einem Blatt eingetreten, das wie kein anderes Politik mit Religion vermengt.

Die *Neue Preußische Zeitung*, des Eisernen Kreuzes wegen, das sie im Titel führt, Kreuzzeitung genannt, im Jahr der Revolution als Sprachrohr gegen diese gegründet, bleibt, ob sie Regierungen unterstützt oder von rechts gegen sie opponiert, immer das Blatt des konservativen Adels und der kirchlichen

Orthodoxie. Fontanes Sache ist diese Mischung nicht; aber da er nur die England-Artikel redigiert, sich also politisch nicht hervortun muß, ihm viel Zeit für eigne Arbeit bleibt und er diese, seine *Wanderungs*-Kapitel vor allem, in der Zeitung unterbringen kann, hält er es in der Redaktion, wo Eiserne Kreuze Sofakissen schmücken und von der Wand ein Christuskopf mit Dornenkrone herniederblickt, zehn Jahre lang aus.

Das Exemplar der Kreuzzeitung, das im Pfarrhaus des Kapitels „Malchow" die Behaglichkeit der Atmosphäre erhöht und neben dem freundlichen Pfarrer auch die Ansicht des Autors zu charakterisieren scheint, kommt also nicht von ungefähr dort auf den Tisch; und da dies acht Jahre *nach* der Kreuzzeitungs-Zeit geschieht (die Fontane in seiner Autobiographie später als die „allerglücklichste" seines Lebens bezeichnet), ist anzunehmen, daß der konservative Zug, den die *Wanderungen* (von der treuherzigen Revolutionsfeindlichkeit des Fischers von Kahniswall bis hin

zur modern wirkenden Kritik am „Industrialismus") haben, nicht der Selbstzensur eines Lohnabhängigen, sondern eigner Neigung und Meinung entstammt. Mit Recht weist Fontane im Dezember 1861 in einem Brief an seinen Verleger Wilhelm Hertz die Behauptung, der erste *Wanderungs*-Band „sei im Auftrag der Kreuz-Zeitungs-Partei geschrieben", mit dem einen Wort „Blödsinn!" zurück, kommt aber zwei Tage später doch ausführlicher auf seine Meinung zu sprechen: „Mein Kreuzzeitungstum ... tritt doch wirklich kaum in dem Buche zutage; auch ist das *echte, ideale* Kreuzzeitungstum eine Sache, die bei Freund und Feind respektiert werden muß, denn sie ist gleichbedeutend mit allem Guten, Hohen und Wahren. Das Zerrbild, das oft zutage tritt, ist nicht die Sache selbst." Schon im Juni 1860 hatte er (was sich für das fortschreitende Alter nicht bewahrheiten sollte) an Paul Heyse geschrieben, daß er „mit den Jahren ehrlich und aufrichtig konservativer" werde, und wenn der fast Sechzigjährige seinem Verleger gegenüber (im November 1878) auf die Kritik an seinem ersten Roman, *Vor dem Sturm*, zu sprechen kommt, erklärt er, was er unter dem Zerrbild seiner Ansichten versteht: „Das Buch ist der Ausdruck einer bestimmten Welt- und Lebensanschauung; es tritt ein für Religion, Sitte, Vaterland, aber es ist voll Haß gegen die ‚blaue Kornblume‘ [Symbol der Kaiserverehrung] und gegen ‚Mit Gott für König und Vaterland‘, will sagen, gegen die Phrasenhaftigkeit und die Karikatur jener Dreiheit", – voll Haß also, fügen wir hinzu, gegen die Ideologie seiner Gegenwart.

In den *Wanderungen* zeigt sich der konservative Zug vor allem in der Vorliebe für die Geschichte des Adels und des absolutistischen Preußen; und wenn dabei Licht und Schatten auch künstlerisch klug verteilt und im Detail manche Urteile gefällt werden, die in die Hohenzollern- und Adelslegenden nicht passen, wird doch das Ganze nie in Frage gestellt. Die „wunderbare Beleuchtung", in der man

Sumpf, Sand und Heide sieht, ist die einer zustimmend kommentierten Geschichte, die in sich Positives verkörpert und durch Personifizierung und Lokalisierung Farbe und Leben gewinnt. Das Mosaik, das Fontane aus mehr oder weniger leuchtenden Steinchen erschafft, formt sich zum Bild der erzählten Geschichte der Mark, zum Bild der Verklärung, das durch Liebe zur preußischen Vergangenheit entsteht. Jeder, der den *Wanderungen* nachreist und diese Liebe nicht mitbringt, wird das bestätigen müssen: Denn er ist (wie Fontane es ihm vorhergesagt hat) enttäuscht.

Diese Liebe zur preußischen Geschichte, die bei aller Nuancierung und Differenzierung verklärt bleibt, verliert Fontane nie. Die Kritik am Preußentum seiner Gegenwart, die sich in seinen späteren Jahren in den Romanen und, radikaler noch, in den Briefen äußert, basiert auf ihr. Sein Widerwille gegen das Bourgeoise und seine Enttäuschung über den gegenwärtigen Adel mißt sich an ihr. Vor dem leuchtenden Hintergrund der friderizianischen Zeit wird ihm die wilhelminische, also die eigne, schwarz. Wie das Mittelalter für die Romantik ist das klassische Preußen eine Utopie, die in der Vergangenheit liegt, für ihn. Er weiß aber, daß es ein Zurück nicht gibt.

Schon in seinen Anfängen ist es so: 1848 erklärt er in revolutionären Artikeln, daß Preußen um Deutschlands willen zerfallen müsse, und dichtet fast gleichzeitig Preußenlieder über Schill, Yorck, den alten Dessauer und den alten Zieten, in denen es, gesperrt gedruckt, heißt: „Ich halte es mit dem [altpreußischen] Zopfe, / Wenn solche Männer dran." Und am Ende, wenn er zu der Überzeugung gekommen ist, daß es den Adligen, wie er ihn liebt, nicht mehr gibt, macht er sich einen: den alten Herrn von Stechlin, den märkischen Junker, der mit den Jahren skeptischer und demokratischer wird – der also ist wie er. Auch Fontane hätte zu Pastor Lorenzen, dem Sprachrohr des Autors, sagen können: „Außerdem sind Sie Frie-

derikus-Rex-Mann, was ich Ihnen eigentlich am höchsten anrechne, denn die Friederikus-Rex-Leute, die haben alle Herz und Verstand auf dem rechten Fleck."

Und so ist es dann auch durchaus kein Widerspruch, wenn sich Fontane nach dem *Stechlin*, in dem das vielzitierte Wort vom Alten, das man lieben, und vom Neuen, dem man leben müsse, gesprochen wird, in den letzten Lebenstagen noch einmal die geplante Fortsetzung der *Wanderungen* vornimmt, das *Ländchen Friesack*, wo in der weitgehend ausgeführten Einleitung die Annäherung an die alte Familie von Bredow, von der das ganze Buch handeln soll, als „lang gehegter Wunsch" und „Sehnsucht" bezeichnet wird und wo in einer nur in Stichpunkten vorhandenen „reizenden Geschichte" ein Pächter der Bredows glücklich ist, als der Gutsherr ihn nach Beendigung eines Zerwürfnisses wieder duzt; wo also das Lob der alten patriarchalischen Gutsverhältnisse gesungen wird. „Sie nennen es auf dem Lande schön und poetisch das

Ehren-Du", heißt es am Schluß, und eine Fußnote fügt hinzu: „Jeder gesund organisierte Mensch fühlt so."

Von der Meinung, die Fontane anläßlich des Besuchs der Friedersdorfer Kirche im Mai 1860 seiner Mutter mitgeteilt hatte: „Wer den Adel abschaffen wollte, schaffte den letzten Rest Poesie aus der Welt", war auch der alte Fontane, der in den Adel keine Zukunftshoffnung mehr setzte, nicht abgekommen; bis an sein Lebensende hatten für ihn Adel und Poesie viel miteinander zu tun.

4

Nach dem Mittagessen (falls es eins gab; man kann da nicht sicher sein, da Fontane mit der Knickrigkeit, die er den Märkern bescheinigt, ja Erfahrungen gemacht haben muß) zeigt ihm Herr Buchholtz (dessen Anwesenheit brieflich beglaubigt ist) das alte Oppensche Herrenhaus, das er bewohnt, und das Barfussche Schloß, das seit dem letzten Besuch Friedrich Wilhelms I. (1739) leersteht. Von der Buchholtzschen Familiengeschichte, nach der der Besucher nicht fragt, weil er dort nichts Interessantes vermutet, versäumt er es wohl zu erzählen, wodurch Fontane eine König-Friedrich-Geschichte entgeht. Der Großvater dieses Buchholtz nämlich, Johann August Buchholtz, ein Pastorensohn aus der Priegnitz, der, von Werbern zum Armeedienst gepreßt, selbst zum Werbe-Sergeanten wurde, war so erfolgreich in der Soldatenfängerei, daß Kronprinz Friedrich, für dessen Regiment in Neuruppin er dies Geschäft betrieb, auf ihn aufmerksam wurde und ihn später zu seinem Hofetats-Rentmeister und Dispositionskassen-Rendanten, will sagen: Kassenverwalter und Finanzberater, machte – und damit zu einer sprichwörtlichen Anekdoten-Figur. Denn wenn man zum König mit Finanzforderungen und -bitten kam, hieß es: Da kennt Er Buchholtz schlecht! oder: Dazu hat Buchholtz kein Geld!, und wenn ein Gesuch günstig entschieden war: Er wußte, wo Buchholtz wohnt!

Um von der Kossenblatter Dorfstraße
aus das Schloß zu erreichen, muß man,
am alten Herrenhaus vorbei,
den Gutshof und die Brücke über den
Spreearm passieren. Dann erst sieht
man den barocken Bau.

Schloß Kossenblatt, erbaut 1712,
ging 1736 in den Besitz Friedrich
Wilhelms I. über. Hier hat der
Soldatenkönig, wenn die Gicht ihn
plagte, seine seltsamen Bilder
gemalt.

Da das Königshaus die Verdienste dieses Sparsamkeitsgenies auch an seinen Kindern noch belohnte, wurde ein Sohn 1801 zum Amtmann von Kossenblatt ernannt, zum Verwalter des königlichen Gutes also, das er 1811, als Friedrich Wilhelm III., um die Kontributionen an Frankreich bezahlen zu können, Land abstoßen mußte, als Erbzinsgut erwarb – und später an seinen Sohn Karl vererbte, an den Mann, der jetzt Fontane durch die feldsteingewölbten Keller des Herrenhauses und die nur von Mäusen und Vögeln bewohnten Räume des Schlosses führt.

Amtmann, wie Fontane ihn nennt, ist dieser Amtmannssohn nie gewesen; er war Erbzinsgutspächter; jetzt, da laut Gesetz von 1850 diese Eigentumsform in Preußen abgeschafft ist, ist er nicht nur faktisch wie vorher, sondern auch im juristischen Sinne Eigentümer – einer der vierunddreißig bürgerlichen Gutsbesitzer, die es in der Jahrhundertmitte auf den fünfundvierzig Rittergütern des Kreises Beeskow-Storkow gibt. Daß

Fontane ihn nicht als solchen zur Kenntnis nimmt, scheint bezeichnend für ihn: hat er doch in den *Wanderungen* diese Entwicklung anfangs ganz ignoriert; im Gedicht, in dem er sie registriert, wird eine Satire mit Wehmutstönen daraus:

Kirchenumbau
(Bei modernem Gutswechsel)

Spricht der Polier: „Nun bloß noch das eine:
Herr Schultze, wohin mit die Leichensteine?
Die meisten, wenn recht ich gelesen habe,
Waren alte Nonnen aus ‚Heiligen Grabe‘.“

„Und Ritter?“

„Nu Ritter, ein Stücker sieben,
Ich hab’ ihre Namens aufgeschrieben,
Bloß, wo sie gestanden, da sind ja nu Löcher;
1 Bredow, 1 Ribbeck, 2 Rohr, 3 Kröcher;
Wo soll’n wir mit hin? wo soll ich sie stell’n?“

„Stellen? Nu gar nich. Das gibt
gute Schwell'n,
Schwellen für Stall und Stuterei,
Da freun sich die Junkers noch
dabei."

„Und denn, Herr Schultze, dicht
überm Altar
Noch so was vergoldigt Kattolsches
war,
Maria mit Christkind ... Es war
doch ein Jammer."

„Versteht sich. In die Rumpel-
kammer!"

Der Kreuzzeitungs-Redakteur und
Preußenlieder-Dichter, der ein Jahr
zuvor, an einer Ruppiner Friedrich-
Gedenkstätte sitzend, den Trink-
spruch „Es lebe die alte Zeit!" aus-
gebracht hatte und der sich nun
hier in Kossenblatt von einem bürgerlichen Gutsbesitzer, der ein feu-
dales Erbe angetreten hat, durch
das gespenstisch-öde Grafen- und
Königs-Schloß führen läßt, ohne
die Symbolik der Situation zu
erfassen, wird dreißig Jahre später,
wenn er die großen Romane, vom
letzten abgesehen, schon hinter

sich hat, als Schlußwort des erwei-
terten *Wanderungs*-Kapitels
„Gentzrode", das den Aufstieg und
Fall eines bürgerlichen Gutsbesitzers der Gründerzeit schildert, die
Sätze schreiben: „Das Wachsende,
gut oder nicht gut, tritt an die Stelle
des Fallenden, um über kurz oder
lang selber ein Fallendes zu sein.
Das ist ewiges Gesetz." Ein Gesetz,
das die Gräfin Melusine im *Stechlin* dann so formuliert: „Ich respek-
tiere das Gegebene. Daneben aber
freilich auch das Werdende, denn
eben dies Werdende wird über kurz
oder lang abermals ein Gegebenes
sein."

Um sagen zu können: einen
Beweis für das Gesetz vom Wachsen und Fallen hat Fontane an
seiner Seite, wollen wir Buchholtz
einen elfjährigen Jungen beigeben,
der sein Neffe Emil und sein künf-
tiger Erbe ist. Während Fontane,
der in ästhetischen Fragen gern
scharfe Urteile fällt (was das Vergnügen an der Lektüre der
Wanderungen beträchtlich erhöht),
Kritik an den Malereien des Königs
übt, vergnügt sich (in unserer Vor-

stellung) das Kind damit, die toten Vögel zu sammeln. Da es darauf besteht, diese auch zu begraben, wird der Rückweg zum Dorf über den kleinen Park, Lustgarten genannt, genommen. Sie gehen also, wenn sie die Bohlen-Brücke über den Graben (auch das Schloß Stechlin, das ähnlich gebaut ist wie dieses hier, hat einen solchen) passiert haben, einige Schritte nach rechts am Ufer des Spreearms entlang und da, wo die Seitenflügel des Schlosses sich zum Wasser hin öffnen, den mäßig ansteigenden Parkweg hinauf und stehen bald an der (heute durch einen Findling kenntlich gemachten) Stelle, an der zwei Jahre nach Fontanes Tod der Neffe Emil sterben und sein Grab finden wird.

Das kam, wie die Kirchen-Chronik berichtet, so: Seit 1877 geschah es in Kossenblatt immer wieder, daß strohgedeckte Häuser und Scheunen, die des hohen Brandrisikos wegen von der Feuerkasse bald gestrichen worden wären, in Flammen aufgingen. Nie kam dabei Mensch oder Vieh zu Schaden, nie wurde gelöscht und nie ein Brandstifter ermittelt. 1882 gab es nur noch *ein* strohgedecktes Kossäten-gehöft im Dorf, und auch das brannte erwartungsgemäß ab. Halb Kossenblatt war so von der Feuerversicherung modernisiert worden – und diese Erfahrung muß Emil Buchholtz, der durch Heirat seiner Cousine Besitzer des Gutes geworden, aber durch „schlechte Wirtschaft, liederliches, ausschweifendes Leben und mehrfache Überschwemmungsschäden" in Schulden geraten war, dazu veranlaßt haben, in dem Umweg über die Feuerkasse den Ausweg aus seiner Misere zu sehen. Als die Kur- und Neumärkische Ritterschafts-Darlehenskasse, bei der er mit 180 000 Mark verschuldet war, mit Zwangsverwaltung des Gutes drohte, brannte seine Roggenmiete ab. Vor dem Land-Gericht in Frankfurt sagten Zeugen aus, Herr Buchholtz habe seinem Kutscher erklärt: der Brand der Miete wäre ihm einen „blauen Lappen" wert. Nach dem Urteilsspruch, der auf drei Monate Gefängnis wegen Anstiftung lautete, jagte Buchholtz mit seiner leichten Kutsche nach Kossenblatt zurück, bewaffnete sich mit zwei Gewehren, legte sich an der Beeskower Chaussee (die 1893 gebaut worden war) in den Hinterhalt und schoß auf die im Wagen zurückkehrenden Zeugen. Mehrere verletzte er, einer, der Gärtner, Vater von sechs Kindern, zu denen, wie es im Kirchenbuch heißt, später noch ein siebentes kam, starb an seinen Wunden. Buchholtz irrte die Nacht hindurch im Walde umher und erschoß sich am Morgen auf dem Grab seiner Frau im Park. Da man nicht wußte, ob er tot war, wagte erst niemand näherzutreten, bis man, wie es in der Chronik heißt, „den Pastor dazu vermochte, weil man annahm, daß B. dessen Leben am ehesten schonen würde". Das war am 16. Mai 1900. Genau hundert Jahre hatten die Buchholtzens also in Kossenblatt verbracht. Im Oktober wurde das Gut zwangsversteigert. Die Königliche Hofkammer wollte es der Krone wiedererwerben, aber da finanzkräftigere Käufer da waren, gelang das nicht.

Der Fall der Familie Buchholtz war aber damit noch nicht am Ende, ein moralischer folgte noch. Ein Sproß der Familie nämlich, vermutlich wiederum ein Neffe des Emil, veröffentlichte in den dreißiger Jahren unseres Jahrhunderts einen Roman, in dem die Familienlegende zeitgemäß verarbeitet wurde. Das Schloß des Feldmarschalls Barfus, des Türkenbezwingers, in dessen Sälen die Bilder des Soldatenkönigs hängen, heißt hier Eichberg und liegt nicht an Sumpfwiesen, sondern an einem herrlichen See. Aus Buchholtz wird Beringer, aus Emil Erich, und die Darlehenskasse wandelt sich in einen habgierigen, häßlichen Juden namens Mendelssohn, der die Bilder des Königs natürlich für Plunder hält und den durch Brände in Not geratenen Erich, der die schöne Gärtnerstochter liebt, immer tiefer ins Unglück treibt. Da Erich sich schließlich dem Würgegriff des Wucherers nicht mehr entziehen kann, bringt er sich um; die Gärtnerstochter ertränkt sich im See; das Schloß ist verloren, der

Die beiden Kossenblatter Seen
liegen abseits des Dorfes. Ihre Ufer
mit breiten Schilfgürteln sind
fast unberührt.

Weltkrieg auch; der Bruder Erichs, Oberst und positiver Held des Romans, wird von „Novemberverbrechern" erschossen, aber schon stürmt dessen Sohn mit den Freicorpskämpfern heran, jung, unaufhaltsam, direkt in das Dritte Reich – das sich ideologisch dann von den Legenden nährt, die es vor ihm schon gab.

Am 21. März 1933 marschierte ganz Kossenblatt, jung und alt, im Fackelzug zu Ehren des „Tages von Potsdam" mit. „Die alten schönen Vaterlandslieder erklangen wieder und von neuer Begeisterung und Vaterlandsliebe erfüllte Worte wurden gesprochen. Gott sei gedankt!"

5

Wenn die Sonne hinter die Parkbäume sinkt, wird es kühl in der Pfarrhauslaube. Die Dorfstraße belebt sich; Frauen kehren von der Feldarbeit heim; Ackerwagen rollen vorbei; Kühe werden von Kindern aus den Koppeln in die Ställe zurückgetrieben. Der Kutscher hat angespannt und drängt zum Aufbruch. Mit Peitschenknall geht es zu Dorfe hinaus, aber wenn der Weg ansteigt und sandig wird, fallen die Pferde in langsamen Trab. Von den zwei Seen her (in den nicht ausgeführten Notizen als „üppiges Labsal" bezeichnet) tönt das Plärren der Frösche herauf. Nebelschleier breiten sich über die Wiesen. In Fahrtrichtung sind die ersten Sterne zu sehen. Der Fahrgast legt sich den Mantel über die Schulter und hüllt die Beine in Decken ein.

Oft schon hat Fontane die Rückkehr von seinen Erkundungen so oder so ähnlich erlebt, und oft noch wird er sie so erleben. Unterwegs, in Passagierstuben oder bescheidenen Unterkünften wird er die unentbehrlichen Notizbücher mit Aufzeichnungen und Skizzen füllen; zu Hause wird er die historischen Werke von Bratring und Berghaus, von Fidicin und Wohlbrück studieren; er wird Ankündigungs-, Bitt- und Dankbriefe schreiben, und immer wird er auf der Jagd nach Anekdoten sein. Er wird nicht nur nach Buckow, Pieskow und Großbeeren fahren, er wird auch Hamburg, Dänemark, Schlesien, Italien und Frankreich sehen, wird umfangreiche Kriegsdarstellungen und großartige Romane schreiben, aber die Mark wird ihn nicht loslassen dabei. Gegen die Behauptung, er habe eine Schwärmerei für sie, wird er sich mit dem Satz „So dumm war ich nicht" wehren; er wird ihr ihren „Popelinski-Charakter" ankreiden und feststellen, daß sie nur nach „Kiefer und Kaserne" schmecke; er wird zunehmend skeptischer gegen alles Märkisch-Preußische werden, wird den märkischen Adel „eingebildet (man weiß nicht recht worauf), beschränkt und im ganzen genommen ruppig" nennen, sich aber, wenn er schon über siebzig ist, wieder auf Edelhöfen im Havelland einquartieren und mit neunundsiebzig, kurz vor seinem Tode, schreiben, er kehre zu seinen „alten Göttern", dem Landadel nämlich, zurück – was er ja in anderer Art schon mit dem *Stechlin* getan hatte.

Im Mai 1894 schreibt Fontane an seinen Sohn Theodor: „Überschlage ich meine eigene Reiserei, so komme ich zu dem Resultat, daß ich von solchen Spritzfahrten in die Nähe viel, viel mehr Anregung, Vergnügen und Gesundheit gehabt habe als von den großen Reisen, die sehr anstrengend, sehr kostspielig und meist demütigend sind. Erhebend, in Bezug auf Mannesstolz, gewiß nicht; denn man debütiert überall als Schuster. In Teupitz und Wusterhausen aber und nun gar in Priegnitz und Havelland bin ich immer glücklich gewesen." – Daß das nur einer sagen kann, der viel gereist *ist*, versteht sich von selbst.

Schließlich lautet der erste Satz des ersten Bandes der *Wanderungen:* „Erst die Fremde lehrt uns, was wir an der Heimat besitzen." – Mit anderen Worten: Auf das In-die-Fremde-reisen-können kommt es bei der Entstehung von Heimatliebe an.

DAS ODERBRUCH
LITERARISCH

Das Wort Bruch (der oder das, in Verbindung mit Oder aber nur: das) kommt schon im Alt- und Mittelhochdeutschen vor und bedeutet dasselbe wie Luch (das Havelländische z. B.), also Sumpfland oder auch Moor. Seine Mehrzahl heißt Brüche oder aber mundartlich auch Brücher, wie man es aus Fontanes Verszeilen über das Havelland kennt:

„Jetzt Wasser, drauf Elsenbüsche schwanken,
Lücher, Brücher, Horste, Lanken."

Spricht man aber von den Oderbrüchern, so sind damit die Einwohner des Bruchs an der Oder gemeint.

Diese schildert Fontane, der sie schon als junger Mann kennengelernt hatte, nicht sonderlich freundlich. Er sieht sie in den *Wanderungen* als habgierige und großmannssüchtige Neureiche, denen die Wohlhabenheit, die ihnen nach der Trockenlegung des Bruchs zugewachsen war, nicht bekommen ist. Zwar sagt er zum versöhnlichen Abschluß, es beginne schon (um 1860 also) besser zu werden, aber in Briefen aus dieser Zeit spricht er vom „Bruchbauerngesindel", das in seinen *Wanderungen* noch zu gut dargestellt sei.

Sollte diese Darstellung den Zuständen um die Mitte des vorigen Jahrhunderts tatsächlich entsprochen haben, war um die Mitte dieses Jahrhunderts davon nichts mehr vorhanden, am wenigsten die Wohlhabenheit. Aus dem reichen Land war ein Notstandsgebiet geworden; wie kaum einen anderen Landstrich in Deutschland hatten die letzten Monate des Krieges diesen verheert. Im Januar 1945 war die sowjetische Offensive an der Oder zum Stehen gekommen; es waren aber schon einige Brückenköpfe auf dem linken Oderufer entstanden, um deren Zurückdrängung oder Erweiterung erbittert gekämpft wurde, bis dann im April die mit riesigem Aufwand an Kriegstechnik und Menschen geführte Schlacht um die Seelower Höhen begann. Der längst schon entschiedene Krieg kostete hier noch einmal etwa fünfzigtausend Menschenleben, und von den

Wohnstätten im Oderbruch blieben fast nur noch Trümmer zurück.

Zwei Jahre danach durchbrach das Hochwasser die vernachlässigten Deiche und vertrieb die Oderbrücher, soweit sie zurückgekehrt waren, erneut von ihren notdürftig instandgesetzten Höfen und Feldern. Auch die Bodenreform brachte durch die Zerschlagung der Güter erst wirtschaftliche Rückschläge, dann kam die Drangsalierung der Bauern, die viele zur Flucht in den Westen veranlaßte, schließlich die Zwangskollektivierung, und heute, nach der deutschen Wiedervereinigung, eine neue Krise, gegen die auch auf den fruchtbaren Böden des Oderbruchs noch kein Kraut gewachsen ist.

Bei stillgelegten Zuckerfabriken, Absatzsorgen und einem hohen Prozentsatz von Arbeitslosen ist also von Neureichtum und Großmannssucht nicht mehr die Rede. Wollte man heute, was hier nicht beabsichtigt ist, eine Pauschalcharakterisierung der Oderbrücher wagen, dürfte dabei ein zählebiges, neuerdings wieder zu frischem

Leben erwachtes Traditionsbe-
wußtsein nicht fehlen, das sicher
mit der Einzigartigkeit dieser
Landschaft und der relativ jungen
und überschaubaren Geschichte
zusammenhängt. Es ist verständ-
licherweise vor allem an Friedrich
II. gebunden, der vor allem die
Trockenlegung großer Teile des
Bruchs veranlaßt hatte und deshalb
früher hier sechs, wenn auch
bescheidene, Denkmäler hatte, von
denen eins, ein richtiges Friedrich-
Standbild, besondere Erwähnung
verdient. Nach 1945, als man
Preußen für Hitler verantwortlich
machte, sollte es eingeschmolzen
werden, wurde aber von einem
Bauern sichergestellt, vierzig Jahre
lang in einer Scheune verborgen
und so dem Dorfe erhalten, wo es
heute, neben dem Gasthaus „Zum
alten Fritz", wieder steht.

Das Dorf heißt Letschin. Es hat
einen von Schinkel entworfenen
Kirchturm (gebaut 1818), dem der
letzte Krieg leider die Kirche
raubte, einen Fontane-Park mit
Fontane-Denkmal, eine Fontane-
straße und eine Fontane-Apotheke

Nach 1945 hatte das Denkmal
Friedrichs des Großen, (1905 von Hans
von Glümer geschaffen) aus Letschin
verschwinden müssen. Seit 1990 steht
es wieder an der Dorfstraße neben
dem Gasthaus „Zum alten Fritz".

(die leider nicht die ist, die um 1840 Fontanes Vater gehörte), und es bildet insofern den Ausgangspunkt für den Entwurf einer literarischen Oderbruchlandschaft, als Fontane hier früh, noch in seinen Apothekerjahren, die Eindrücke sammelte, die er später in Literatur umsetzte, im *Oderland* selbstverständlich (in dem übrigens Letschin nur ganz am Rande erwähnt wird), in *Unterm Birnbaum* und in *Vor dem Sturm*.

Das letztgenannte Buch, der umfangreiche Romanerstling, der an einigen Stellen einer Fortschreibung der *Wanderungen* ähnelt, soll hier in erster Linie als Vorlage des Landschaftsentwurfs dienen; denn neben der Geschichte des Oderbruchs liefert er auch eine Terrainkarte in Worten, auf der die Ebenen und die sie begrenzenden Höhenzüge, die Straßen und Wege, der Flußverlauf und die Ortschaften genau, wenn auch nicht naturgetreu, wiedergegeben sind. Die Genauigkeit ist nämlich zum Teil eine fiktive, die sich jedoch mit der tatsächlichen ständig mischt.

Das wird schon im ersten Kapitel deutlich, wenn Krist, der Kutscher, und Lewin von Vitzewitz am Heiligen Abend 1812 Berlin durch das Frankfurter Tor verlassen, Friedrichsfelde passieren und nach dem ersten Drittel des Wegs in einem Bohlsdorf rasten, das es nur in der Romanwirklichkeit gibt. Es liegt, wie man im vierten Band erfährt, zwischen den realen Dörfern Dahlwitz und Tasdorf – und zeigt damit die Methode, die Fontane in diesem Roman durchgängig anwendet: die einer topographischen Mischtechnik nämlich, die sich soweit wie möglich der Realität annähert, diese aber, wenn der Roman es verlangt, auch verläßt. Das reale Tasdorf, das nur genannt wird, um die Richtung und die schon zurückgelegte Wegstrecke zu zeigen, hat Fiktives nicht nötig und darf seinen Namen behalten; Bohlsdorf dagegen muß erfunden werden, weil es ein Dorf mit der romantischen Zutat, die der Verfasser nötig zu haben glaubt, hier nicht gibt. Diese Details aber gibt es woanders, im nahe gelegenen

Dorf Tempelberg beispielsweise, wo auf einem Grabstein zwei Lindenbäume ihre Wipfel zueinander neigen, oder in der Berliner Nikolaikirche, wo sich ein Grabspruch findet, der zu dem nächtlichen Kirchenbesuch paßt. Beide kann der allmächtige Autor nach Bohlsdorf versetzen, damit Lewin davon angerührt sein kann in der Heiligen Nacht. Das Erfundene ist also das in andere Zusammenhänge gebrachte Gefundene, eine durch den Romanautor neugeordnete Realität.

Im Prinzip ist das beim Personal des Romans ähnlich, nur komplizierter und schwerer durchschaubar, weil die Details, aus denen sich die Figuren zusammensetzen, unzählbar und tausendfach kombinierbar sind. Da darf manches reale Vorbild unverstellt unter seinem richtigen Namen auftreten, wie Prinz Ferdinand oder der Staatskanzler; da muß der Literatenverein, den der Autor kennt, seinen Namen von „Tunnel über der Spree" in „Kastalia" ändern, und gleich zwei seiner Mitglieder

werden mit eignen Erfahrungen des Autors beladen: Hansen-Grell nämlich, der Fontanes Seydlitz-Ballade dichtet und mit ihr Beifall findet, und Himmerlich, der mit Nachdichtungen englischer Arbeiterlieder, wie Fontane früher, eine Niederlage erlebt. Da gibt es die zwergenhafte Botenfrau Hoppe aus den Letschiner Apothekertagen, die als Hoppenmarieken durch das winterliche Oderbruch des Romans geistert; den O-beinigen Reitergeneral von Bamme, den die vom Rheinsberger Prinzen Heinrich geliehenen nekrophilen Neigungen mehr erfreuen als plagen; und dann natürlich Berndt von Vitzewitz, die Mittelpunktsfigur des Romans. Für diese ist Friedrich August Ludwig (abgekürzt: F.A.L.) von der Marwitz Vorbild gewesen, der Gegner Hardenbergs, der Landsturmorganisator, der große Konservative, den schon Alexis, als „Isegrimm", in einen Roman versetzte, den man als lesenswert aber kaum bezeichnen kann. Das beste Buch über F.A.L. von der Marwitz aber hat F.A.L.

von der Marwitz geschrieben, eine monumentale Autobiographie unter dem Titel *Nachrichten aus meinem Leben für meine Nachkommen*, ein Buch, das Fontane liebte und für seinen Roman viel, teilweise fast wörtlich, benutzte. Dieses Buch gibt ein genaues Bild von dem Schloß und dem Dorf, in dem der Roman *Vor dem Sturm* eigentlich spielen müßte, wäre er nichts als ein Marwitz-Roman. Er ist aber mehr und anderes, und deshalb spielt er nicht in Friedersdorf, sondern in Hohen-Vietz.

Der Marwitz-Ort, Friedersdorf, nur drei Kilometer entfernt von dem Städtchen Seelow, ist also mit Hohen-Vietz, dem Vitzewitz-Ort des Romans, nicht identisch. Hohen-Vietz ist ein fiktiver Ort im obengenannten Sinn. Er liegt auch woanders, nämlich nicht wie Friedersdorf auf den Höhen, die das Oderbruch im Westen begrenzen, sondern unten im Bruch und auch weiter im Süden, auf Frankfurt zu.

Das wird schon klar im ersten Kapitel, wenn wir Lewin von Vitzewitz (der, ginge es streng nach den Marwitz-Memoiren, nicht der Sohn, sondern der jüngere Bruder des Erbherrn auf Hohen-Vietz sein müßte) auf seiner weihnachtlichen Schlittenfahrt nach Hause begleiten; denn sie führt ihn nicht, wie zu erwarten, auf der Küstriner Chaussee, der späteren Reichsstraße 1, über Müncheberg und Jahnsfelde nach Seelow, sondern über Petershagen direkt in den südöstlichen Teil des Bruchs. Genaueres ist über die Lage von Hohen-Vietz hier noch nicht zu erfahren, doch wird das im Verlauf des Romans anders, da immer wieder, zum Teil mit Meilenangaben, sein Standort durch sein Verhältnis zu realen Orten beschrieben wird. Sieht man ab von den größeren Städten, also Berlin, Küstrin und Frankfurt, gilt für die Ortsbenennung die Regel, daß für die reinen Standortbestimmungen immer die richtigen Namen verwendet werden, die aber eine Veränderung oder Verfremdung erfahren, wenn die Handlung in ihnen spielt. So dürfen die Städte Wriezen, Seelow und Freienwalde, die Dörfer Wuschewier,

Bad Freienwalde war seiner
mineralischen Quellen wegen seit
den Zeiten des Großen Kurfürsten
Heilbad für den Berliner Hof.
Die bedeutendsten preußischen
Architekten haben hier gebaut, aber
erhalten blieb davon wenig, darunter
das völlig veränderte Kurhaus.

Manschnow und Lietzen ihre richtigen Namen behalten, während Göritz, jenseits der Oder, zu Kirch-Göritz, Gusow, wo Tante Amalie Hof hält, zu Guse und Hohen-Jesar zu Graf Drosselsteins Hohen-Ziesar wird. Dieses Versteckspielen und Verfremden, das den Grafen Finckenstein zum Drosselstein, die Gräfin Amalie von La Roche-Aymon zur Gräfin Amalie von Pudagla wandelt, verrät dem Kenner zwar noch die historische Quelle (denn Gusow hieß in mittelalterlichen Urkunden tatsächlich Guse, und wenn die Gusower von ihrem Ort reden, hört es sich auch an wie die Roman-Benennung) – verrät dem Kenner also noch die Quelle, rettet dem Autor aber die Freiheit seiner Gestaltung, die er auch in einem historischen Roman braucht. Er kann nun das Alt-Madlitz der Finckensteins, das zu weit entfernt ist, nach Hohen-Jesar verlegen, Tante Amalie zur rechten Romanzeit ihren gottlosen Tod finden lassen, ihr die testamentarischen Bestimmungen des F. A. L. von der Marwitz unterschieben und

statt der Hirsche, die damals auf der Schloßbrücke von Gusow standen, die Brücke von Guse von Sphinxen bewachen lassen, die heute noch am Eingang des Schloßparks von Steinhöfel stehen.

Die vollkommenste Gestaltungsfreiheit aber bietet natürlich eine völlige Erfindung, wie Hohen-Vietz. Das kann man nie in der Realität, sondern nur im Roman besichtigen; das stellt sich, wie Schloß Wuthenow oder Schloß Stechlin, als schönes, verklärtes Ganzes nur in der Imagination des Lesers her. Man kann es aber in seine Bestandteile zerlegen und deren reale Herkunftsorte feststellen versuchen, die manchmal sehr weit entfernt liegen, manchmal aber auch nebenan. So kann man zum Beispiel das Grabmal der beim Franzoseneinmarsch 1806 gestorbenen Frau von Vitzewitz aus Hohen-Vietz auf dem Kirchhof in Friedersdorf finden, der im Krieg kaum gelitten hatte, in den Jahrzehnten danach aber sehr. Es ist das Grab der ersten Frau von F. A. L. von der Marwitz, der reizenden Fanny, der die schönste Passage der Marwitz-Erinnerungen gewidmet ist. Der Sandstein ist schon reichlich verwittert, der größte Teil der Inschrift, die über ihr kurzes Leben Auskunft gibt, nicht mehr lesbar, wohl aber noch der Teil, den Fontane in den *Wanderungen* und in *Vor dem Sturm* (in jedem Fall falsch) zitiert: „Hier ruht (in Wirklichkeit: liegt) mein Glück."

Der nicht mehr lesbare Teil der Inschrift lautet:

„Caroline Franziska Gräfin Brühl ward geboren 1783, den 23. März, vermählt 1803, den 12. May,
an
Friedrich August Ludwig von der Marwitz
Erbherrn auf Friedersdorf.
Der verließ sie gesund am 14. März 1804,
vierzehn Tage nach einer glücklichen Entbindung,
kehrte am 16ten zurück und fand sie tot.
Sie war die Freude aller, die sie kannten."

Hier zeigt sich der Memoirenschreiber also auch als guter Verfasser von Grabinschriften. Seinem genialen Bruder Alexander, dessen Briefwechsel mit Rahel Varnhagen zu den interessantesten dieser korrespondenzfreudigen Zeit gehörte, ließ er nach dessen Tod auf dem Schlachtfeld einen reich beschrifteten Gedenkstein setzen, in dem es unter anderem hieß: „Lebte für die Wissenschaften. Erstieg deren Gipfel. Redete sieben Sprachen" – was schon deshalb bedeutsam ist, weil der Edelmann F.A.L. von Gelehrsamkeit nicht viel hielt. Der Stein für Alexander ist umgefallen, doch ist die Inschrift erhalten und für jeden auch lesbar, der eine Körperverrenkung dabei nicht scheut.

Die Grabplatte von F.A.L. von der Marwitz selbst wird man dagegen heute vergeblich suchen, da sie bis zur Restaurierung des verwilderten und geschändeten Kirchhofs von der Familie sichergestellt wurde; doch ist auch nicht sie es, nach der jeder Besucher Friedersdorfs fragt. Das Hauptinteresse gilt einem Grabspruch, den F.A.L.

Nicht nur die Kirche in Neuhardenberg, sondern die gesamte Dorfanlage
wurde von Karl Friedrich Schinkel
erbaut. Von ihm umgestaltet wurde
auch das Schloß der Hardenbergs.

zwar verfaßte und in ihm seine Ansicht zum Ausdruck brachte, der aber seinem Onkel, dem sogenannten Hubertusburg-Marwitz galt. Dieser steinerne Nachruf war bis vor Monaten nur teilweise sichtbar; denn nachdem 1945 eine Granate den Chor der Kirche hatte einstürzen lassen, war das Kirchenschiff mit einer Behelfsmauer verschlossen worden, die genau über den in die Wand eingelassenen Gedenkstein lief. Jetzt wurde die Restaurierung des Gotteshauses, das Fontane ein Ohnegleichen unter den märkischen Dorfkirchen genannt hatte, mit dem Wiederaufbau des Chores begonnen und dabei der berühmte Gedenkstein freigelegt. Weil dieser Marwitz, ein Offizier der Garde, den mit seinem Ehrbegriff nicht zu vereinbarenden Befehl des Königs, das sächsische Schloß Hubertusburg auszuplündern, verweigert hatte, ließ ihm sein Neffe auf den Grabstein schreiben: „Wählte Ungnade, wo Gehorsam nicht Ehre brachte", und gab damit der Auffassung des Adels von der Freiheit des Dienens

Ausdruck, die im Roman *Vor dem Sturm* die Frage entscheidet, ob man notfalls ohne den König oder gegen ihn handeln dürfe, und die dann auch noch im 20. Jahrhundert, bei der Offiziersverschwörung gegen Hitler, im Spiele war.

Hierbei war bekanntlich der Adel in starkem Maße beteiligt, was den Marwitz-Grabstein aus Friedrichs Zeiten mit einem viel jüngeren, fast benachbarten, ideell verbindet – mit dem jenes Grafen Carl-Hans Hardenberg aus Neuhardenberg nämlich, der zum Kreis der Verschwörer gehörte, sich seiner Verhaftung durch die Gestapo durch einen mißglückten Selbstmordversuch zu entziehen versuchte, die Schrecken des Konzentrationslagers Sachsenhausen überlebte, nach Neuhardenberg zurückkehrte, aber enteignet und vertrieben wurde und 1958 im Westen starb. Die von ihm gewünschte Beisetzung seiner Asche auf dem Familienfriedhof hinter der Schinkel-Kirche wurde ihm damals verweigert und erst 1991 möglich gemacht.

Das erste Denkmal zu Ehren Friedrichs des Großen im Schloßpark von Neuhardenberg wurde 1792 errichtet, als das Schloß noch den von Prittwitz gehörte und der Ort noch Quilitz hieß.

Das Dorf, das in DDR-Zeiten Marxwalde genannt wurde, hieß zur Romanzeit, also 1812 bis 1813, noch Quilitz und gehörte dem, aus dem Siebenjährigen Krieg als Retter des Königs bekannten, Generaloberst von Prittwitz, der auch das Schloß bauen ließ. Neuhardenberg hieß es erst seit 1814, als der Staatskanzler Besitzer wurde. Das große Straßenangerdorf, das durch seine etwas leer wirkende Weiträumigkeit auffällt, ist in seiner Anlage ein frühes Werk Schinkels, sein erstes größeres Projekt. Es war 1801 einem Brand zum Opfer gefallen, und der junge Baumeister machte aus der alten Dorfanlage eine moderne. Er begradigte, verbreiterte und verlängerte die Straße und bebaute sie beidseitig mit Mittelflurhäusern in Putztechnik, die teilweise heute noch stehen. Erst 1817 folgte die klassizistische Kirche mit dem Hardenberg-Mausoleum und 1820 der Umbau des Schlosses, wobei der Gartensaal, in dem sich 1944 Graf Hardenberg zwei Kugeln in die Brust schießen sollte, im wesentlichen unverändert

blieb. Auch das Marmordenkmal im Park, auf das sich der Blick aus den Gartensaalfenstern richtet, stammt noch aus den Zeiten von Prittwitz. Es war das erste aller Friedrich-Denkmäler, die es in Preußen gab.

Ebenfalls von Schinkel umgebaut, wenn auch wesentlich später, wurde das bescheidenere Schloß des F. A. L. von der Marwitz. Doch ist davon heute nichts mehr vorhanden; nur einige von Brennesseln überwachsene Trümmer zeigen die Stelle, wo es einst stand. Es brannte aus in den Kämpfen um die Seelower Höhen und wurde nach dem Krieg abgetragen. Ein Nebengebäude, Kavaliershaus genannt, verfiel in DDR-Zeiten, wird seit kurzem aber wieder von einem jungen von der Marwitz bewohnt. Auch der Park ist nicht mehr vorhanden, und auch die Auffahrt, die vom Teich her erfolgte, läßt sich nur ahnen, da die sie zierenden Obelisken verschwunden sind. Die Kirche ist im Wiederaufbau begriffen. Der Turm ist schon fertig und hat wieder seine drei Glocken, und über ihm blitzt wieder die Wetterfahne mit dem Marwitz-Monogramm.

Kirche und Schloß standen in Friedersdorf auf gleicher Höhe und relativ nah beieinander. Das ist im Roman-Dorf, in Hohen-Vietz also, anders; da steht die Kirche auf einem Berg. Für das Oderbruch ist das ungewöhnlich, denn erwähnenswerte Erhebungen gibt es hier nur an den Rändern, wo sich die von Gräben und Dämmen durchzogene Ebene zum Barnimer oder zum Lebuser Plateau erhebt. Nun kommt aber eine Randlage im Bruch nicht in Frage, denn die Hänge befinden sich ja im Westen, also nicht in Flußnähe; Hohen-Vietz aber liegt, wie aus der Roman-Handlung hervorgeht, nicht weit von der Oder entfernt. Da sich aber im Süden die Hochfläche immer mehr dem Fluß nähert, käme vielleicht der äußerste Zipfel, wo sich das Bruch vor Lebus extrem verengt, in Frage, doch steht dem ein Satz im dritten Kapitel des ersten Bandes entgegen, der nämlich besagt, daß

Lewin am Weihnachtsmorgen die eben aufgehende Sonne als roten Ball hinter dem Turmknopf der Hohen-Vietzer Kirche sah. Das aber wäre unmöglich, wenn das Schloß im Bruch, die Kirche auf dem Plateauhang, also im Westen, stünde – doch löst gerade diese scheinbar unmögliche Konstellation, nimmt man die Karte zur Hand, das Rätsel auf. Denn eine Stelle gibt es, an der man vom Bruch aus die auf der Höhe stehende Kirche im Osten erblicken könnte, nämlich da, wo sich von der Lebuser Hochfläche aus ein schmaler, bewaldeter, durch Erosion stark zerklüfteter Höhenrücken ein bis zwei Kilometer weit in das südliche Oderbruch schiebt. Er entstand, wie alle Landschaft der Mark, in der Eiszeit; durch welche Stauungen, Strömungen oder Verlagerungen wissen die Eiszeitgelehrten nicht sicher zu sagen, und er endet bei Reitwein und heißt deshalb Reitweiner Nase oder Reitweiner Sporn. Hier kann man an einem Wintermorgen vom Bruch aus mit einem Blick die Anhöhe und die aufgehende Sonne

erfassen; von hier aus ist es nicht weit zur Oder; hier heißen die im Roman oft genannten Nachbarorte tatsächlich Manschnow, Hathenow, Rathstock und Podelzig; hier liegen auf der neumärkischen Flußseite gegenüber die Orte Göritz (alias Kirch-Göritz) und Ötscher; hier überquerte (im Roman mehrmals erwähnt) Friedrich II. vor und nach der unglücklichen Schlacht von Kunersdorf die Oder; hier schrieb er den verzweifelten Brief an seinen Minister Graf Finckenstein, den Vater des Roman-Drosselstein also; und, um den Rätsellösungstriumph vollzumachen, stand hier, und nur hier, das Schloß in der Bruchniederung und die Kirche auf einem Berg.

Hohen-Vietz also gleich Reitwein? Solche Gleichungen sind Romanen nie angemessen, weil sie dem Autor das Recht an Fiktivem beschneiden würden. Hier verbietet sich solche Gleichsetzung aber auch deswegen, weil Fontane zweimal das Dorf Reitwein als Nachbarort nennt. Wenn im letzten Band die von Bamme geführte

Bauerntruppe zum mißglückenden Handstreich auf Frankfurt ausrückt, trennt sie sich bei Reitwein, um teils auf dem Plateau, teils in der Niederung zu marschieren, und wenn im zweiten Band Lewin mit Tubal über die vereiste Oder nach Kirch-Göritz wandert, schildert er dem Freund die Umgebung, erwähnt dabei, „hier zur Rechten", das Finckensteinsche Gut Reitwein, wo Friedrich nach der Kunersdorfer Schlacht übernachtete – bei welcher Gelegenheit, nebenbei gesagt, zwei Bemerkungen fallen, die gut in die Vorworte zu den *Wanderungen* gepaßt hätten. Tubal spricht nämlich von der Öde der Gegend, die erst durch historisches Wissen Licht und Farbe bekäme, und Lewin erwähnt den Kriegsrat Wohlbrück, „drüben in Frankfurt", den Verfasser des dreibändigen Werkes über *Die Geschichte des Bistums Lebus und des gleichnamigen Landes,* der auch (hier fließen wieder Historie und Fiktion zusammen) das Gutsarchiv in Hohen-Vietz sichtete und dabei mehrfach die Bemerkung machte,

daß es uns Märkern an Geschichte nicht fehle, wohl aber an Sinn für sie.

Man kann die Erwähnung Reitweins für Spielerei und kleine Irreführung des Lesers halten, wahrscheinlicher aber ist, daß Fontane auf seiner imaginären Roman-Landkarte Hohen-Vietz etwas seitlich von Reitwein, in Richtung Podelzig, plazierte, so daß es, statt einer Gleichsetzung, richtiger wäre zu sagen: Hohen-Vietz hat etwa Reitweins Lage, es hat wie Reitwein die erhöht stehende Kirche, sonst aber nichts von ihm.

Denn die Kirche in Hohen-Vietz ähnelt in ihren mittelalterlichen Ursprüngen und in der reichen Innenausstattung mehr der Friedersdorfer. Auch stand zu Fontanes Wanderungs-Zeiten in Reitwein schon die vom Schinkel-Schüler Stüler gebaute neogotische Kirche, die heute eine ansehnliche und begehbare Ruine ist. An Stelle einer alten Kirche aus dem 15. Jahrhundert wurde sie 1858 errichtet und bei den Kämpfen 1945, wie fast das gesamte Dorf,

Das Oderbruch, das Friedrich der
Große eine Provinz genannt haben soll,
die er, ohne Krieg zu führen, erobert
habe, erstreckt sich nördlich von
Frankfurt am westlichen Oderufer über
mehr als 60 km und ist 12−20 km breit.

Im April 1945 erstürmten die sowjetischen Truppen unter großen Verlusten
die Höhen, die das Oderbruch nach
Westen abschließen. Von der Gedenkstätte für die gefallenen Sowjetsoldaten
in Seelow hat man einen weiten Blick
über das Bruch.

zerstört. Vom Reitweiner Schloß, das erst den Burgsdorffs, dann den Finckensteins gehörte, ist nichts mehr vorhanden. Auf dem Gelände des Schlosses liegen sowjetische Soldaten begraben. Denn Reitwein war während der Schlacht an der Oder ein wichtiger Punkt.

Da wo König Friedrich „im bösen Jahr 1759" (so heißt es in der Reitweiner Chronik) mit seiner Armee auf Pontonbrücken die Oder überquerte, nach drei Tagen zurückkam und an Finckenstein schrieb, er werde diese grausame Niederlage nicht überleben, genau dort, zwischen Reitwein und Ötscher, gewann die Rote Armee im Winter 1945 einen ihrer Brükkenköpfe auf dem westlichen Oderufer, konnte ihn nicht nur halten, sondern auch in schweren Kämpfen erweitern, so daß sie auf dem strategisch wichtigen Reitweiner Sporn einen Befehlsstand für ihren Oberkommandierenden, Marschall Shukow, anlegen konnte, von dem aus dann im April die Schlacht um die Seelower Höhen geleitet wurde. Ein Modell dieser Bunker kann

man in der Gedenkstätte in Seelow sehen. Auf dem Sporn selbst aber stößt man bei Waldwanderungen überall auf Überreste des Grabengewirrs.

Gräber namenloser Soldaten beider Seiten kann man hier an allen Deichen und Wegrändern vermuten. Skrupellose Militariahändler sind hier mit Suchgeräten oft unterwegs, um durch Grabschändung Geschäfte zu machen. An mancher Loose (so heißen die außerhalb der Dörfer stehenden Einzelgehöfte) wurden lange noch Soldatengräber gepflegt, bis sie dann doch verfielen. Denn die DDR besann sich erst spät, durch die Helsinki-Abkommen gezwungen, auf den Schutz der deutschen Kriegsgräber, vorher wurden offiziell nur die sowjetischen Gräber, die meist einen Ehrenplatz inmitten der Dörfer haben, betreut. Der kaum bekannte, schlichte, abseits auf einem Hügel liegende, deutsche Soldatenfriedhof bei Lietzen, den schon die Wehrmacht während der Kämpfe angelegt hatte, wurde nur von der Kirche, mit westdeutscher Unterstützung, erhalten und wird jetzt erst offiziell verschönt und betreut.

Hier in der Komturei Lietzen, einer Gründung der Tempelritter, die an die Johanniter überging und seit dem vorigen Jahrhundert den Hardenbergs gehörte, liegen, wie auch im benachbarten Friedersdorf, die Erinnerungen an die Höhen und Tiefen deutscher Geschichte eng beieinander. Hier läßt sich, vorausgesetzt man bemüht sich darum, Verständnis für Geschichte entwickeln, wie Fontane es vorgemacht hatte, als er an diesem Stück märkischen Landes, nimmt man die Romane, die *Wanderungen* und die autobiographischen Schriften zusammen, die ganze brandenburgische Vergangenheit aufscheinen ließ. Da wird in amüsanten Gesprächen des Pastors von Hohen-Vietz die vorgeschichtliche Besiedlung durch Germanen und Slawen deutlich; da erfährt man Einzelheiten über das Leben im Bruch vor der Trockenlegung, über die Bischöfe von Lebus, über Albrecht Thaer, den Agrarreformer, über die Dichter Tieck und Schmidt von Werneuchen, erlebt mit, wie Katte enthauptet wurde (Küstrin ist nicht weit, Hoppenmarieken macht den Weg zu Fuß in wenigen Stunden), sieht in dem anderen Kunersdorf, wo Chamisso später seinen *Peter Schlemihl* verfaßte, die tüchtige Frau von Friedland über die Felder reiten; der Epochenumbruch, den die preußischen Reformen markieren, wird am Streit zwischen Marwitz und Hardenberg lebendig; und schließlich scheint auch Fontanes eigenes Erleben aus diesen vertrauten Landstrichen auf.

Das Oderbruch war für ihn immer mit dem Vater verbunden, der in Letschin eine Apotheke, in Schiffmühle seinen bescheidenen Alterssitz hatte und dort auch, auf dem Hang über der alten Oder, seinen Grabstein bekam. Wenn der Sohn den Vater an dem mit Mummeln bedeckten Flußlauf besuchte und sie den sandigen Abhang zu den Wäldern hinaufstiegen, konnten die ausufernden Gespräche sich an Naheliegendem entzünden, an den Feldsteinen zum Beispiel, aus denen man seit jeher in der Mark Kirchen, Stadtmauern und Häuser gebaut hatte und die nun, weil man sie zum Chausseebau brauchte, dem Vater kleine Geschäfte ermöglichten; denn die Märker sind, wie der Sohn an anderer Stelle behauptet hatte, des kaufmännischen Sinnes durchaus nicht bar. Von dem verdammten Geld, das nach des Sohnes Einerseits-Andererseits auch gutes Geld sein konnte, war weder beim Sohn noch beim Vater mehr als das lebensnotwendigste hängengeblieben, aber sie machten sich nichts daraus. Sie hatten ja ihre Geschichten und ihre Geschichte, die eigne und die der Familie, die märkisch-preußische und selbstverständlich auch die französische und weit, weit darüber hinaus. In Kenntnis der Weltgeschichte war der Vater nicht nur dem Professor des Neuruppiner Gymnasiums immer über gewesen. Und auch der Sohn wußte immer, daß die märkische Kleingeschichte, sei sie nun havel-, spree- oder oderländisch, sich mit der großen, weltbewegenden in enger Wirkungsbeziehung befindet, und wir wissen es spätestens seit dem *Stechlin.*

Briest, Philipp von 87, 89 f.
Buchholtz (Familie) 128, 134
Buchholtz, Emil 132–134
Buchholtz, Hans-Georg 134
Buchholtz, Johann August 128
Buchholtz, Karl 106, 110, 128–132
Buckow 107, 136
Bückeburg 87
Burgsdorff (Familie) 157

Calandrelli, Alexander 36
Canitz, Friedrich von 72
Chamisso, Adelbert von 89, 97, 158
Chorin (Kloster) 108
Cölln, Friedrich von 29
Cottbus 10

Dahlwitz 142
Döberitz 63, 77
Dorsch, Käthe 16
Drake, Heinrich 36

Erkner 30

Fahrland 63, 77
Fehrbellin 18, 24, 35, 87, 108
Ferdinand, Prinz von Preußen 143
Fichte, Johann Gottlieb 93
Fidicin, Ernst 136
Finckenstein (Familie) 146, 157
Finckenstein, Karl Wilhelm Graf
    von 146, 153
Fontane, Emilie 46, 106 f., 124
Fontane, Louis Henry 142, 158 f.

Fontane, Theodor 7–10, 16–19, 23,
    28–35, 38–41, 46, 51, 78, 106–133,
    136–139, 141–144, 146–149,
    153–159
Fontane, Theodor (Sohn) 137
Fouqué, Albertine Baronin de la
    Motte 102–105
Fouqué, Friedrich Baron de la
    Motte 24, 30, 83–105
Fouqué, Heinrich August Karl Baron
    de la Motte 84
Fouqué, Henry Auguste Baron de la
    Motte 84, 92
Fouqué, Karoline Baronin de la
    Motte 87–90, 99, 101 f.
Fouqué, Marianne Baronin de la
    Motte 87
Fouqué, Marie Baronesse de la
    Motte 89, 101 f.
Frankfurt/Oder 7, 19, 28, 48, 107, 114,
    133, 144, 154
Friedersdorf 128, 144, 146 f., 152, 154,
    158
Friedland, Frau von (Helene Charlotte
    von Borcke) 158
Friedrich, Prinz von Homburg 18
Friedrich I., Kurfürst von Branden-
    burg 34–38
Friedrich II., König von Preußen 13,
    18, 27, 34, 51, 63, 84, 92, 128, 132,
    141, 149–152, 153 f.
Friedrich III., deutscher Kaiser 27
Friedrich Wilhelm, Kurfürst von Bran-
    denburg 35, 108